我们的声音

“Teenagers Explained”

青春期孩子写给父母的书

[英] 梅根·拉夫格罗夫（Megan Lovegrove） 露易丝·贝德维尔（Louise Bedwell）/著

孔繁玮/译

北京师范大学出版集团
BEIJING NORMAL UNIVERSITY PUBLISHING GROUP
北京师范大学出版社

图书在版编目(CIP)数据

我们的声音：青春期孩子写给父母的书 / （英）拉夫格罗夫，（英）贝德维尔著；孔繁玮译. — 北京：北京师范大学出版社，2013.7
ISBN 978-7-303-16148-5

I. ①我… II. ①拉… ②贝… ③孔… III. ①青春期－家庭教育 IV. ①G78

中国版本图书馆CIP数据核字(2013)第088663号

营销中心电话　010-58805072 58807651
京师心悦读新浪微博　http://weibo.com/bjsfpub

WOMEN DE SHENGYIN

出版发行：北京师范大学出版社 www.bnup.com
北京新街口外大街19号
邮政编码：100875
印　　刷：北京中印联印务有限公司
经　　销：全国新华书店
开　　本：170 mm × 240 mm
印　　张：15
字　　数：175千字
版　　次：2013年7月第1版
印　　次：2013年7月第1次印刷
定　　价：30.00元

策划编辑：谢雯萍　　责任编辑：尹莉莉
美术编辑：袁　麟　　装帧设计：红杉林文化
责任校对：李　菡　　责任印制：陈　涛

简介

“天啊，这是一本解决如何和你们的家庭保持紧密关系的绝佳好书。太棒了！哈哈！”

如果你们能明白上面所说的话，那么作为父母，就太酷了。尽管，大部分父母会想“你们到底在说什么？难道你们疯了吗？”当你们和一名处于青春期的孩子生活在一起，这些想法会时不时地出现在你们的脑海里。我们打赌你们一定想尽可能地了解我们的想法。有时候，处于青春期的孩子看起来好像是完全不同的物种。尽管你们想尽可能地理解他们，却依然感觉很难。

但是，这确确实实是我们正在经历的阶段。

我们是梅根和露易丝，今年16岁，在伦敦南部的同一所学校上学。我们已经做了4年的好朋友，并且在过去的2年中，因为选了相同的英语课，我们变得更加亲近。正因如此，我们找到了写这本书的动力，当然这完全归功于我们的智慧和成熟（接下来这点会显得更加明显）。我们两人的性格完全不同：露易丝更加外向，梅根则有点安静。我们的家庭情况也不一样。梅根有一个哥哥，并且她和她父母关系很亲近，有时候他们一家子简直可以和布朗迪一家子（注：美国电视剧中的家庭，非常和睦幸福）相媲美。然而，露易丝是家中的独生女，尽管和妈妈也很亲近，与梅根相比，她却更独立。我们都雄心勃勃（分别希望做一名兽医和记者），并且很自信地告诉你们，我们将会让你们清楚地知道，当你们和一个处于青春期的孩子相处时，你们应该知道些什么。

本书的目的是让你们具有洞察力，让你们知道怎样和你们处于青春期的孩子相处融洽，怎样帮助他们，如何不惹恼他们，如何与他们进行交流。总而言之，是帮助你们弄明白如何能让你们和孩子的关系走向最好。

我们都知道一名处于青春期的孩子的生活会不太稳定，很容易情绪化，并且因为这个原因，有时候他们与父母的关系可能会变得不那么和谐。对于这一点我们孩子们也觉得很难过。另外，我们肯定，当和处于青春期的孩子生活在一起的时候，父母发现很难区分孩子是真正的头疼还是有其他更严重的问题。无论什么原因，要承认你们与你们孩子的关系不是很好，是一件很困难的事情。但是这个问题确实需要做一些调查研究，我们相信我们可以给你们提供一些方便实用的技巧。

本书的优点之一就是它适用于每一个人。我们不仅仅以自己的生活经验为基础，同时也向朋友们征询意见，倾听他们的经历。我们向我们的朋友及朋友的朋友发放问卷，并告诉他们一定要诚实回答。所以，在本书里，你们会发现从13岁到19岁的男孩女孩们的各种观点以及建议。这些是你们作为父母应该知道的哦。

我们将重点讨论处于青春期早期和中期的孩子们的问题，因为我们认为这段时期是你们最需要我们帮助的时期。当你们的孩子已经18岁，成为一个非常不错的、具有责任感的成年人时，希望你们不再需要我们的帮助。当然，至少理论上是这样的。

我不怎么想和我父母聊天，但是如果要交流的话，我也很乐意。但是他们看起来好像完全不知道要怎么开始，或者完全不知道怎样不带脾气地和我聊天。

——史蒂文，14岁

听起来像不像你们处于青春期的孩子会说的话？我们将会为你们解答这个问题。

我们两个人，当然还有我们所有的朋友，都很讨厌被带有偏见地认为我们是典型的处于青春期的孩子，例如会懒惰呀，情绪化呀之类。我们希望家长们在处理与处于青春期的孩子有关的问题时，不要像无头苍蝇一样。如果没有给予足够的自由和信任，我们会像宠物一样充满怨恨。

败坏青年人的名声是令人不快的。——卡勒姆，16岁

我们相信本书将会帮助你们解决这些问题以及其他经常会让你们产生疑问的问题。

- 曾经想方设法想要让你们的两个孩子不要争吵打闹吗？答案在这里。
- 曾经考虑过怎样和一个疯狂的，荷尔蒙飙升的青春期孩子相处吗？答案在这里。
- 曾经苦苦思索当青春期的孩子说每隔一晚，大家都要去大规模的家庭派对时，他们在说实话吗？答案在这里。当然现在我们就可以告诉你们：他们在说谎！
- 曾经思考怎样帮助你们的孩子处理兼职、学业压力以及事业等问题吗？答案应该是什么呢？对，答案也在这里。

我们不仅仅会回答这些问题，还会告诉你们，让你们明白，对于青春期的孩子来说，哪些确实是非常正常的现象，而哪些不是。例如，我们朋友的妈妈认为孩子每隔几天花一个小时玩电脑是正常的。她认为在她女儿16岁的生日宴会上，当她出去之后，我们会坐着吃比萨，从晚上7点到12点

一直看电视，也是正常的。哦，亲爱的，她真的需要看看这本书。

本书的内容都是极有帮助的建议，这些建议你们在其他任何家教书中都不可能找到。我们也希望你们可以从中受益很多。想想看：其他许多关于与青春期孩子相处的指导书可能是超过40岁的人写的。那太过时了。即使是露易丝的堂兄，虽然只有28岁而已，也要向她咨询现在青春期的孩子都在做什么。

尽管许多大人认为他们内心依然很年轻，但属于他们的青年期已经过去了，他们也都变了很多。你们读这本书的时候可能会想：两个16岁的孩子写书给我们提出建议？！对，就是这样，这不是很棒的主意吗？你们正是最最需要我们帮助的人。

毕竟，有谁比两个16岁的孩子更有资格告诉你们青春期的孩子们都在想什么呢？

作者注释

本书包含了青春期的孩子们的一些观点，你们可能不太赞同。（如果你们同意每一个观点，那才奇怪了！）

出版方对作者所表达的奇怪观点不负任何责任，我们希望你们能够接受，一本由青春期的孩子所编写的书，当然这会让我们有点自以为是。

毕竟，青春期的孩子会彻头彻尾地不同意一些你们所认同的观点，但这不就是你们买这本书的原因吗?

Teenagers Explained 目录

Teenagers Explained

Chapter 1 这太典型了

为什么不做完作业?

打扫干净你们的房间!

如果你们不努力工作，你们将会一事无成。

在我那个时候，考试很难……

不要表现得像小孩子一样!

青春期的孩子会被任何比他们大的人像这样轮番轰炸教育，特别是他们的父母。现在，我们知道这是因为你们觉得你们知道什么最好（或许你们确实知道），但是一而再，再而三地说这些，实在太太太烦了!

你们不知道我们一天会被老师念叨多少遍考试的重要性。你们还经常说我们是引人注目的一代。我们所做的任何一件事情都会以某种形式影响我们的将来，并且一般情况下是以一种不怎么好的方式影响。

- 如果讲电话时间太久，花太多时间在电脑跟前，或者外出太多等，父母会朝我们嚷嚷。

- 老师多次要求我们认真完成作业，以高分通过考试，并让我们记住将来会来得比我们料想得更快。
- 朋友今天喜欢我们，明天突然讨厌我们了，生活中只剩下明智的电脑，至少它们不会和我们吵架。

好，我们承认生活不会一直那么糟糕，但是作为一名青春期的孩子，总会感觉处于各种各样的打击下。但是，让每个人都感觉满意只会渐渐让我们感到筋疲力尽。我们最想要的只是更多的自由和信任，这样我们就可以从自己的错误中学习并成长（而不是不停地被告知我们所做的事情是错误的，我们应该怎么做才是正确的等）。

我们认为，父母对于这个问题至少应该负部分责任（如果你们觉得不对，可以表示异议），因为他们没有真正理解青春期孩子们的想法，或者没有以正确的方式理解我们，并很难做到给予我们足够的信任，或者在我们做错事情的时候不要那么严厉。你们的青春期已经过去很长时间了，所以你们已经忘记了那个时候你们的感觉了，这一点，我们能够理解。

因此，首先我们想要让父母清楚地知道，作为一名青春期的孩子，我们的生活是什么样子的。借此希望，在读完这部分后，你们会觉得我们的行为并非那么奇怪，我们之间可以相处得很愉快（好，或者不会这样，但是理解带来快乐，或者类似的东西吧）。

现在，我们开始来一起理解青春期孩子的典型特征。更重要的是，作为父母，应该如何处理这些问题。我们希望你们会觉得有所帮助。

夸大其词

我们猜你们一定注意到了，青春期的孩子会不经意间表现得过于夸大其词。“天呀，我无法穿着那条牛仔裤出门，那简直就是社会性自杀，之后我的生活会被完全毁掉。我说的是真的，这是非常严肃的事情。你们可以现在就杀了我，或者不要让我穿那条裤子。为什么要让我继续忍受这种痛苦呢？”对于你们来说，这听起来很荒谬，但这就是青春期的孩子每天所想的事情。对于我们来说，每一件事都是十分重要，哪怕是那些在你们看来极其琐碎的、有点愚蠢的事情。

即使你们认为我们很荒谬，但是当我们在谈论这些小事时，感觉那些就是世界末日，所以不要取笑我们。你们需要做的就是认同我们这种极端的做法，姑且接受一下，并且习惯这种特性让人不快的一面：容易情绪波动。

情绪化

我们知道，知道……有个情绪化的、忧郁的青春期孩子整天在家里漫无目的地游荡实在很难创造一个不错的环境。你们也曾把整个房间涂成黑色，或者用最大音量播放《葬礼进行曲》吧。对不起。好了吧？！

一个处于青春期的孩子，情绪可能会毫无预兆地突然变化。这是因为我们对任何一种情绪的感知能力是你们的10倍（或者是由于感知它的方式不一样吧，无论如何都是这样）。当你们的孩子经历青春期的时候，他们体内有超量的荷尔蒙，在体内不停地改变着事情，无论是在身体上还是在精神上。而这，你们可以想象（记住，如果你们能尽可能回忆起原来的事情），正以不可思议的力量困惑着你们的孩子。当我们面对这些情绪时，我们和你们一样，毫无办法。

当我更年轻一点的时候，我的情绪常会变得很糟糕，那时也会和我的兄弟打架——虽然那都是他自找的。

——卡尔，18岁

在一枚硬币落地那么短的时间内，我的情绪会发生改变。我会觉得暴躁和生气，但自己也不清楚到底是因为什么。我能意识到这种变化毫无原因，可是我却改变不了感知方式。这常常使我的家人很担忧，尽管这是我最不愿看不到的事情。——梅根

如果你们能意识到这个规律并且不对我们发火，真的对我们会很有帮助。我们会尝试去保持愉快的心情。尽管我们的情绪会突然变化，只要我们努力，这种变化最后还是会被压制。不幸的是，这是成长不可避免的一部分，所以作为父母，你们可以做的就是接受青春期的孩子不会经常开心，允许我们偶尔发发脾气、不高兴或者暴躁。

我，我，我

就像成为一个戏剧女王（或者国王），你们也可能注意到我们变得相当自私。“我想要”是常常与学步期的小孩联系在一起的短语。而这在青春期的孩子身上也很常用。在某种程度上，青春期的孩子和刚刚学步的小孩有着同样的心态：他们会只关注他们想要和需要的东西，当他们得不到时就会闹别扭。但是，父母们，你们不用担心，放心，你们不会再次经历教小孩学步的过程，这一次我们可以自己用厕所……

“以自我为中心”，当把这个词用于形容青春期的孩子时，仅仅意味着我们常常只关心自己的生活，经常喜欢讨论自己，而不会关心身边其他人的生活。换句话说，我们会变得让人难以置信的“自私”（或者可能向我们的父母展现出这种倾向）。

有一天，我妈妈突然开始哭，因为她觉得我一点也不关心她的感受。我觉得可怕极了，事实并不是这样的。我想我只是被其他事情占据了……

——卡莉，14岁

事实上，我们不认为，“自私”可以用来描述青春期的孩子，因为这个词过于刺耳了。他们并不是故意变得以自我为中心的，只是在他们脑袋里有太多事情，没有能力顾及其他事情了。我们（可能）关心家人，但是优先权确实有点偏斜（或许还是荷尔蒙作怪）。这样，我们就看起来有点“自私”了。

这并不意味着青春期的孩子就不能做精彩的、无私的事情了，我们知道许多青春期的孩子做各种各样的志愿活动。实际上，我们确实也关心别人。只是我们有时需要有人提醒从有关“我，我，我”的谈话中转移出来。

每个周六，我会在运动训练营做三个小时的志愿者，在那里我帮着教3～6岁的小孩怎样做运动，在那里度过的每分每秒我都爱极了。

——詹姆斯，15岁

许多青春期的孩子都有类似的工作。我们的一个朋友每周五在导游处做志愿者，在那里她会帮助一些小孩跑腿。还有一些在慈善商店工作（尽管也有人做这些只是为了给他们的简历增彩）。

我们承认以自我为中心确实是我们的坏毛病，但我们知道这是确实存在的。这是青春期孩子身上最坏的毛病之一，让父母忍受确实很难。但是，请记住：当你们年轻的时候，你们也一定是这样的——承认吧！

小贴士

一些青春期的孩子经常会发现设身处地为他人着想很难，所以尽可能帮助他们。问问他们，当一些糟糕的事情发生在他们身上时，他们是什么感受，或者告诉他们一些你们觉得糟透了的事情。你们可能会惊讶地发现，这些可以引导他们为别人着想。

自我批判

就像会觉得自己是头号人物一样，我们也会对自己非常挑剔。处于青春期就像和皮肤里的让人尴尬的、极不舒服的感觉齐头并进一样。

你们察觉到是纯粹虚荣心的事情可能在每一个小小的瑕疵上闪闪发亮。

我太讨厌我的鼻子了！它那么大，在照片上看起来我是那么畏缩。我妈妈说我蠢，她确实说了，是吗？可是她是我妈妈啊。

——雷切尔，16岁

坦白地说，我们不是想要从你们那里获得同情，真实情况是，大部分青春期的孩子在某些方面会因为自我评价而承受很多压力。这些方面经常会使我们变得情绪化并且情绪低落（哇！我们确实称得上很情绪化）。

我讨厌这么瘦。如果我试图或者谈到这一点时，人们都会这样反驳“闭嘴！至少你不胖”。但是一个男孩，皮包骨头让人觉得你很弱。

我一直去健身房努力锻炼，想让自己更强壮点，甚至想尝试吃点蛋白质奶昔。

——本，15岁

父母可以帮助孩子提高他们的自我评价，只要他们乐观，积极向上（清楚直接地告诉他们，他们是那么棒，当然，越多越好）。

小贴士

不要在你们的孩子面前对你们的长相小题大做，这会让我们沾上这个毛病。相反，要建立自信的气氛（即使有时，你们不得不作假）。

因为青春期的孩子们这种恐怖的以自我为中心、情绪化的行为会向你们展示，自我感觉不好是青春期的孩子常有的坏毛病之一，所以不要用“愚蠢”之类的词降低他们的安全感。

“无所不知”

或者至少我们是这么认为的。尽管我们（有时）对自己会有很低的自我评价，青春期的孩子一定会争论到底——我们是正确的。忘记你们40多年的生活经验，就听听你们身边拥有15年智慧的孩子的心声吧，很明显，他们知道的比你们多。

青春期的孩子从来不会承认自己不知道什么事情。我们会说任何自己认为对的事情，并且希望你们不会刨根问底。或许事实上，我们确实是正确的。将信将疑地相信我们所说的（还有我们所做的），如果我们的建议和某些很重要的事情联系在一起，就请你们事后再调查。因为，无论什么主题，青春期的孩子都会声称自己知道关于它的所有事情——不管是关于DIY，建筑，还是医学。如果我们狂说的这些有的你们认为完全不可能，那么就和我们开开玩笑，边点头边承认我们说的，即使你们知道我们说的“完全错误”。

如果我出去工作的时间长点，我父母就会抱怨。他们没有意识到我只是在管理自己的时间。——贾思敏，16岁

不成熟

前一分钟，我们还声称自己无所不知，很成熟，又博学，可是下一分钟，我们就在公园荡秋千，玩耍，和在特斯科（财富五百强公司之一）超市打架。觉得迷惑吧！我们确实就是这样。

事实上，无论我们多么想让自己有机会像大人一样被看待，有时我们也需要看起来幼稚一点。事实上，我们认为，没有一个人可以说自己完全成熟了。在生活中，随着承担了越来越多的责任，人们只是失去了像孩子一样行动的能力。青春期的孩子有时间，也有倾向做一些像孩子一样的举动，如和食物抗争，玩纸飞机等，而他们的父母只能在旁边羡慕眼红，却假装不屑，表示不赞同我们的行为，认为我们只是在做一些愚蠢的事情（我们知道有时你们也很想加入我们）。

但是，我们也理解你们有时为什么努力去相信我们是大人了。梅根的叔叔经常和她说“在某一分钟，青春期的孩子是不成熟的，下一分钟，他们却想要跑遍整个国家”。这就是事实，我们可以从一个明智的青年人突然

变成一个无知的玩跷跷板的孩子——这也是一种天分。对于父母来说，需要记住的是，不要用这个事实说我们有时候太孩子气了。我们不是笨蛋（真的不是），我们知道什么时候可以恶作剧，什么时候我们必须严肃。没有哪个处于青春期的孩子会因为棉花团大战而被抓，但是他们和朋友在外过夜会很开心（这不意味着事情已经发生了）。

做一些愚蠢的事情是我们发泄感情的方式。我们一直都在做被告知应该做的事情，感觉没有一点自由和快乐之后，想要像疯子一样地奔跑，你们觉得应该责备我们吗？

事实上，我们认为如果父母玩一些类似躲猫猫的游戏，世界将会变成一个更快乐美好的地方。

懒惰

“到中午，这种罕见的物种终于穿戴好，懒洋洋地走下楼梯，这花了多大的力气啊。”

听起来好像是一项大卫·阿滕伯勒的计划的开始，但是，这是不是很好地描述了每天在你们家发生的事情呢？你们的孩子是不是最后终于下了楼，一边要早餐一边抱怨他们起得太早了？

叫孩子起床是做父母不可回避的事情，但是这件事对于双方都是不怎么愉快的事，尤其当我们有起床气的时候（什么时候我们没有呢）。我们知道你们一定认为青春期的孩子特别懒，但是确实有非常好的科学证明，可以证明处于青春期的孩子需要大量睡眠，这说明我们并不是懒。

字典上对“懒惰”的定义是：不想工作或者努力，愿意懒惰。

嗯……不，我们相信你们会发现对青春期孩子的这个界定很不科学。

青春期的孩子平均需要9个小时的睡眠来保证活动，但父母推荐的时间是8个小时。下次当你们没有什么理由想要孩子起得很早时，请记住这个。在青春期的这几年，荷尔蒙的增加也意味着我们身体内的生物钟在重新设置，让我们更愿意睡得晚起得晚，这很清楚地解释了我们一些奇怪的日常行为。因此，青春期的孩子并不懒，我们只是听从身体的指示来行动。一项研究表明，在成年人体内开始产生一种褪黑素——一种可以让你们在晚上10点很困的荷尔蒙，但是处于青春期的孩子直到凌晨1点才开始产生这种激素。因此孩子们熬夜到早上是情有可原的，他们只是不觉得累而已。

如果我自己生活，在周末我会睡到至少11点半或者12点，但是我爸爸规定我们必须在10点之前起来并穿好衣服。这个规定真是折磨人。我穿好衣服，接着总会穿着衣服再眯会儿。——维姬，16岁

所以，下次如果你们快要发怒地嚷嚷“快去睡觉”，孩子的反应是“但是我还不困”的时候，请相信他们。所以，下次当孩子直到中午才起床的时候，不要朝他们发脾气，或者抱怨“你们这叫什么作息时间”。相反，你们应该意识到这是作为青春期孩子的一部分——可以说这是我们的天性。我们知道读这本书的父母会想“嘿，这只是孩子们这么说而已”，但是这个不可思议的说法确实有科学依据。

唉，为什么我们有种即使父母们读了这本书，他们还是会把孩子从床上拽起来的感觉呢？也许，我们可以起得稍微早点，但是相信我们，如果你们可以对我们早上喜欢睡觉表示理解，我们早上起床就不会那么困难了。

不整洁

处于青春期的孩子的房间绝对是父母的祸害，堆着天知道已经多久了的脏纸碎屑，衣服扔得满屋子都是。更别说床底了。

我的卧室和其他青春期孩子的卧室一样从来都不整洁，我妈妈总会找到可以抱怨的事。

——梅根

我的卧室干净但是不整齐，我把衣服放在吸尘器上，但是一会儿它们又跑到了地上。

——露易丝

我承认，我的卧室乱极了。曾经，我把我家所有的玻璃杯都放在我的卧室里。我妈妈生气极了，但是每次，我想喝饮料的时候，我会待在厨房，因为我想喝第2瓶。

——赖安，16岁

但是，所有青春期的孩子都是这么糟糕吗？当然答案是否定的——就像大人一样，有一些孩子特别整洁，不能忍受东西不在它应该在的地方，而有一些孩子就很随意。

我们有个朋友属于这种罕见的爱整洁的孩子。

我需要任何地方都干净整齐，东西都放在应该放的地方。如果没有，我就无法集中注意力做作业或者练习吹小号，甚至会觉得睡不着。

——谭吉娜，16岁

模范青年吧，你们也承认吧。但是这可能算是一个例外了。

但是，为什么大多数青春期的孩子会更喜欢住在乱七八糟的环境中呢？他们难道没有注意到这种混乱吗？答案是这一切都是因为优先权。我们相信，你们应该知道了吧。

大多数青春期的孩子不会认为卧室干净很重要，有整理的时间我们可以做更好的事情，例如玩20分钟的电脑或者看会儿电视。

青春期的孩子喜欢住在被称为“有组织的混乱”之中。尽管，更多情况下，父母们会认为只有“混乱”毫无“组织”。我们确实知道东西都在哪里，怎么可以找到它们。所以，当父母帮忙整理了房间之后，相反，我们会很难找到原来的东西了。不过，请不要绝望，我们不是动物。大多数最终会意识到卧室实在太不像人住的地方了，然后就会去收拾整理，但是这个突破点可能发生在你们能想到的时间的很久很久之后了。

我妈妈经常威胁我，如果我不收拾房间的话，就把我的所有东西都给扔掉，然后有一天，她真的这么做了！毫无疑问，之后我把房间收拾得干干净净，整整齐齐。

——康纳，19岁

小贴士

你们为什么给他们整理房间？他们完全有能力也应该做这件事。他们的房间是他们自己的空间，所以和他们达成协议：如果他们不想你们出现在他们的房间里，那么他们必须保持房间整洁。

怎样说服青春期的孩子做他们实在不想做的事情呢？这个问题几乎没有什么答案。但是可以从鼓励开始，然后慢慢让你们的孩子找到他们的价值。给他们奖励（零花钱或者其他东西）可以让他们想要保持整洁，保持他们房间干净，如果他们做不到，就拿走它（否则锻炼就没有意义了）。我们知道你们并不需要给你们的孩子好处，但是在这件事上，这可能是唯一的办法。不久之后，我们会慢慢形成时不时打扫房间的习惯，这时就不需要给好处了。

青春期的孩子可以拒绝打扫房间，因为这个话题已经是一个有关控制权的问题了。如果你们是唠唠叨叨的父母，一直和他们说把房间整理一下，他们会更坚持自己的立场，只是因为他们想让你们更生气。

如果我妈妈再和我说一遍“干净点”，我想我会尖叫。

——汤姆，15岁

你们越唠叨，孩子越不想听你们说，更不想照着你们说的做。相信我们吧，我们的妈妈们常常唠叨，我们实在不喜欢——甚至一些父母的唠叨使得孩子们的房间更乱而不是更好（并且还在加剧）！有时，我们只是想向你们证明我们有自己独立的思考能力，你们不能完全控制我们的行为（至少我们想要觉得我们能够安排做什么，什么时间做）。

小贴士

明确地告诉你们青春期的孩子，你们希望他们能收拾整理自己的房间，给他们三个小时，之后你们离开，直到规定时间再回来。这样你们向你们的孩子表示了对他们的信任，相信即使你们不检查，他们也可以做好你们要求的事情。即使他们在最后半个小时做，他们也会感觉他们有控制权，这会让他们感到开心，最后房间也收拾干净了，你们也开心了。

哇，直到现在，我们已经承认了青春期的孩子会夸大其词、情绪化、自私、不成熟、懒惰和不整洁——看看你们的运气多好哇，家长们！我们没有说自己好话，但是我们不介意承认我们有点难相处，如果难相处的意思是不再那么黏着你们。作为父母，你们应该感到我们至少承认了我们可能是你们的噩梦，而现在，有了我们的建议，很有可能，你们和孩子的相处会更融洽一些。

对于我们来说，有一件事很让我们烦恼，就是一些大人认为所有青春期的孩子都是可怕的小流氓。我们可能会有一些不太好的行为（就像上文所说的那么明显），但是绝大多数都是很好的人（就像我们知道大部分大人都是很好的人一样）。

穿连帽衫的小混混

现在在媒体里，小混混的形象经常出现，但是他们到底是谁？是那些在街上穿着连帽衫或者和他们的朋友一起去电影院的青春期孩子们吗？

我们相信许多人把“小混混”和“青春期的孩子”等同起来。他们认为，他们在街上看见的年轻人都偷偷藏着一把刀，准备对胆敢从他们旁边经过的人下手。很清楚，这是来自人们的反应，特别是来自年纪大的人，但也令人觉得悲哀。

当然，小混混确实存在，但那确实只是少数中的少数，而他们却让人们对所有青春期的孩子留下不好的印象。真的。显然，这种印象又会被以下这种事件所加深。如在2011年夏天发生在伦敦大暴乱中，据报道，暴乱者是对世界不满意的青年人。但是，最终确定，只有18.9%的暴乱者是在18岁以下。你们知道大部分还都是成年人。

咆哮一番！但这是真的：青年人可能各种各样，但是不断的负面印象让我们觉得很不公平（对于我们大多数人来说）。

你们是否有停下来想一想，如果不是人们对青年人有一定的期望，事情是不是会有所不同呢？当然没有，但是不用担心：我们也没指望有人这样。

我们认为媒体没有反映真实的青年人，但确实有很多很棒的电影，如《青春爱欲吻》(2008)，《朱诺》(2007)，《贱女孩》(2004)和《中间人类》(2011)。这些电影都真实地反映了青年人的形象。不过，父母应该记住，他们不会和电影里面的人物性格一模一样！

我们希望已经把大部分青年人的缺点都指出来了，我们不能再加其他任何东西了，因为父母们正在努力吸收他们获取的信息（也许他们会觉得气馁），所以我们觉得这章最好结束吧，提供一个有趣的注意事项：我们脑子里的关于青年人一定会喜欢或者讨厌的东西！如果你们青春期的孩子同意的话，你们可以时不时拿出来看看。

下面是他们会喜欢的事情：

- 音乐：无论哪种，青春期的孩子都会喜欢。

- 衣服：对于任何一个女孩，好吧，可能一些男孩也包括在内，即使他们死不承认。
- 派对：谁不会在可以开心的时候玩呢？
- 发型/整体造型：上帝啊，看看为了让它完美而花的时间吧。这包括每个人，不仅仅是女孩。我们知道的一些男孩关注发型的时间比我们洗澡的时间还要长。
- 当老师犯错误时：这就证明了没人是无所不知的。这太让人满意了！

下面是他们会讨厌的事情：

- 像小孩一样被对待：我们不是小宝宝，我们知道英语。我们能很容易完成一些基本的任务，所以当我们完成某件事情的时候请不要一直表扬我们。
- 大学学费：[①]尼克·克莱格，你做得好极了。你会让我们这一代都恨你的。真的，那让人印象深刻。
- 没完没了关于莎士比亚的论文，根本没人关心的、无论多久都不会有人看，即使我们被困在了岛上，除了读莎士比亚就没事可做的情况下也还是不会看的。我发誓我们是被迫看书的，而不是像真正的作者那样自觉。
- 任何家庭作业。
- 当网络不能用时：我们怎么和好友聊天？嗯？我是说……家庭作业：没有网络我们怎么完成作业呢？

① 编者注：英国下议院2010年底投票通过英格兰大学学费涨价。在2010年大选前，自由党表示会投票反对学费涨价，但选举后下议院投票时，有27名自由党成员投支持票，其中包括时任英国副首相、自由党领袖尼克·克莱格。为此他在拍摄自由党宣传片时公开道歉。

Teenagers Explained

Chapter 2 交流以及管教的艺术

想不想知道怎样可以和你们处于青春期的孩子好好交谈？而不是以愤怒或者呻吟结尾？当你们生病了他们不再回避你们时，你们会感到高兴吗？当从孩子变成青年人时，他们好像被设定了程序，不再和他们的父母聊天。但是你们为此可以做些什么呢？我们将会告诉你们怎样处理这种问题，教你们怎样惩罚（是的，没错，我们自己也不相信）以及其他办法。

当沉默不再是金

尽管和一个总会生气的人交谈是一件很挫败的事情，但是努力和你们的孩子交谈是很重要的。带他们去他们最喜欢的地方，和他们谈任何事情，即使是关于他们沉迷的电脑游戏，你们听得越多，表现得越喜欢听他们说，他们就越愿意和你们聊天，尽管他们只是告诉你们他们玩游戏的最高分数。他们会相信你们对他们喜欢的东西感兴趣，这样他们就会尽可能和你们分享他们的快乐。

我不停地和我妈妈说事情，但是她好像一点兴趣都没有，这样我很生气，这让我再也不想找她聊天了。——亚力克希亚，15岁

我们不能保证给你们交流的固定句式，但是唯一的奥秘我们不能否认，如果父母花一半的时间只是冲楼上嚷嚷，只会收到“哦，哦，哦……”的回应。

学学我们的语言

“朋友，今晚有什么安排？和我们一群人去玩玩吧？”

你们曾读到过上面的句子吗？觉得我们侮辱了美丽的英语？不要否认了——你们心里知道你们确实是这样想的，但是不管你们喜不喜欢，这就是你们处于青春期的孩子们的交流方式。无论对朋友还是在网上，这很普遍，其他才是奇怪的。正确的语法？噢，不，拜托了。

但是，这并不意味着我们没有能力正确交流。我们和我们的朋友及同龄人用我们的语言（因为这更快更简单），同时也和那些我们想要留下深刻印象的人这样说，这样会让他们觉得我们很酷（虽然事实并非如此）。有时，我们和你们聊天时，也会用一些和朋友们在一起时说的话。这是因为你们是我们的父母，我们不用那么麻烦和你们说得非常正式。当然，和老师说话时，我们可以用完美的语法和复杂的单词。

作为家长，你们显然会迷惑不解，努力想要听懂当我们交流时所表达的意思。毫无疑问，这会让你们觉得自己很老，已经过时了。

最近，我和我妈妈说在派对上，有人跟我搭讪，她认为我在说脏话。

——露易丝

但是，不要因为这个原因就不再和你们孩子聊天。当我们用了一个你们不知道的词语时，问问我们它是什么意思——我们会抓住机会教育你们一下（但是，不管你们做什么，请不要自己去尝试用这些词）。

我爸爸总是觉得他很酷，他总会说一些类似“我们今天要不要乐呵一下”之类的话，让我们很紧张。然后他自己开始大笑——假装他是孩子们的朋友。

——卡勒姆，14岁

说脏话

既然说到了语言这个话题，我们就应该谈谈说脏话……这并不意味着我们真正骂过人（别开玩笑了，妈妈们正在看这本书。）好吧，好吧，好吧，或许我们是吧……

青春期的孩子们朋友间说脏话很常见……

对我来说，差不多每个词都是脏话，我甚至都没有意识到我在说。

——克里斯，16岁

我不认为说脏话是什么大事，每个人都在说，甚至老师也说。所以我不知道为什么我们说就那么可怕。

——杰西，14岁

……但是在父母面前，我们一般很少说脏话。

基本上，你们孩子在你们面前说脏话的次数（某种程度上的总数）将会决定你们对说脏话的看法。

- 一些家庭规定无论孩子还是父母都完全不能说脏话
- 一些父母无法忍受他们的孩子骂人，即使他们自己骂人
- 其他父母认为偶尔骂人是可以的，只要不针对其他家庭成员

在我爸妈面前，我从来都没有骂过人，尽管在我朋友面前我总是说脏话。这是关于尊重的事情。——卡里，18岁

我们觉得父母希望他们孩子完全不骂人有点虚伪，但是不幸的是父母们总是这样规定——毕竟“这是你们的房子”，就像你们经常会提醒我们一样。

青春期的孩子骂人（无论哪种程度上）是一件不可避免的事情，如果你们对此反应强烈，你们可以强制规定在家里不能骂人，其中包括如果你们的孩子没有遵守的话应该如何惩罚。

“脏话罐”也是限制脏话的好办法（对青年人和父母同样适用）。

小贴士

如果你们不喜欢说脏话，在你们家里可以不接受，但是如果在外面孩子骂人的话，你们要学着接受，因为这是你们无法改变的。

渐渐地，青年人和朋友说话和与你们（包括如果脏话会让你们不安，他们在你们面前便不会说）说话，会用你们能够理解和接受的词。

现在，你们学会怎样了解我们的“行话”了吧，和我们聊天你们真实的感受是怎样的呢？你们必须记住和孩子交流时，有一些非常重要的东西，在下面我们将会一一列举。

学会倾听

倾听是和你们处于青春期的孩子成功交流最重要的一部分。首先，必须向你们中的一些人说清楚：“听”不意味着同意我们说的任何事情，或者一听到我们说的观点就反驳。倾听指的是不打断别人说话，并且边听边思考，从而在他们结束的时候——一定要在结束的时候，做出一个不错的回应。你们知道，当父母经常不好好听我们说话时，我们会感觉有点不高兴吗？

我妈妈总会问我今天过得怎么样，但当我开始告诉她的时候，她就开始洗衣服，或者让我弟弟给她让路，所以她肯定没有认真听。我真不知道她为什么还会问我。

——杰西，14岁

你们可能会觉得，不需要我们来告诉你们什么是倾听，但是请好好想想，便可能发现当你们聊天时，并没有向你们的孩子表示尊重，就像你们想从他们那里获得的尊重那样。

青春期的孩子们喜欢并需要感受到你们确实在认真倾听，并且评价他们的思想和意见。相信我们：许多青春期的孩子觉得父母并不关心他们想什么，这确实不是什么好事，因为家庭应该是青年人的意见和想法被珍视的地方。

小贴士

对青春期的孩子来说，令人讨厌的事情是我们刚刚告诉你们一些事情，没过一会儿你们又问我们刚才说了什么。这不禁让我们怀疑你们到底有没有听我们说？用这个机会证明你们有多关心我们吧。

我们知道我们一直在谈论青春期的孩子如何艰难，但那确实是一段难过的时期。

在青春期，你们总是试图找出自己到底是谁的答案，而通过表达自己的观点可以让人觉得自己的价值所在。如果我们在家都不能自由地发表意见，那我们还可以在哪里说呢？

我爸妈总是没有时间和我好好地聊一聊。 ——安娜，16岁

我们知道你们在想什么：如果真有什么值得听的，我们一定会好好听。你们不要害怕，好好聊天很容易，你们可以每天试一试。例如，问问我们今天过得怎么样，然后听我们说，但是不要试图刺探。作为父母，你们应该知道哪些话题会让你们的孩子转头回自己的房间。如果你们想和我们聊天，就不要涉及这些话题。包括所有令人尴尬的事情，没有哪个青年人愿意和他们父母说这些事情：性，男朋友或者女朋友，酒精和毒品。并不是说你们不应该和你们的孩子谈论此类话题（参照后文），但是你们不能用这些作为开头，因为这对你们的谈话毫无益处。相反，从一些小事开始：赞美他们选择衣服或者发型的眼光，这都是不错的开头，但是在你们说话的

口气中，不能有一点点讽刺或者嘲笑的痕迹。这是另一个让孩子不想和你们聊天的原因。

我几乎见不到我的哥哥，除了吃饭时间。因为男孩子们到了青春期，一切都变了。他们关着自己房间的门，好像吸血鬼，没有灯光，也不愿意有任何光线，而只有拳击的声音或者跑动的声音。——梅根

小贴士

让你们的孩子和你们聊天有一个不错的方法，就是让他们可以找到和你们待在一起的理由。露易丝的妈妈经常会买一些很不错的东西。例如从特斯科超市买来巧克力蛋糕，这样露易丝就会跑到厨房找吃的，结果她就会待在厨房和她妈妈聊天。尽管我们不纵容贿赂，但食物贿赂有时确实能起到不错的效果，尤其对男孩子来说！

你们还太小，不用懂这些

有一条黄金定律代代相传：不要小看青春期的孩子！否则你们会完全不知道怎么和你们的孩子相处。如果像孩子一样被对待，我们的反应是再也闭口不谈，或者干脆离开。在相同的情况下，相信你们也会这样做。过度保护会让你们和孩子的关系恶化，这也是作为父母做得最不好的事情。

你们处于青春期的孩子会觉得被小看了，他们会开始厌恶或者回避和你们聊天。青少年喜欢觉得自己是大人，也认为自己已经是大人了。所以

即使在你们眼中我们还是孩子，也不要让我们察觉到你们是这样认为的。每个青春期的孩子都需要获得被以大人身份对待的权利，但是如果我们从来都没有这样的机会，我们又能怎么做？你们的孩子正在长大，不论你们喜不喜欢，他们都想要承担更多的责任——你们也应该给他们这个机会。当然，如果事情有点不对劲，就到他们50岁再让他们自由吧。

对于任何一个青春期的孩子来说，没有什么比遇到一个小看他们的大人更讨厌的事情了，无论在学校还是在家里。所以一定要注意！和他们聊天的时候就像在与你们的同事或者朋友聊天那样——我们确定你们一定不会小看你们的同事。只要青春期的孩子觉得他们被像大人一样对待，他们就更愿意打开心扉，表达自己的观点，因为他们不需要担心他们的问题会被对待幼稚的青春期孩子的问题那样置之不理。

最讨厌的小看人的话

父母每天总是异口同声地对处于青春期的孩子们说：

- “在我们那个时候考试真的很难”
- “又不是世界末日”
- “如果你们不喜欢，去和其他人生活吧”
- “只要生活在我的屋檐下，你就是小孩。”——老一代的最爱

只要一个大人说了这些话，他们就会失去我们对他们的尊重和兴趣，特别是当他一遍又一遍重复时，更过分的是，还要和其他人进行比较。

我爸爸总是小看我，经常把我和我的朋友们做比较，他从来没有想过，我不是我的朋友们。——马特，13岁

所以，倾听并且不要小看他们——这不是那么难吧？好，我们知道这没有那么容易，但是花点时间，当和你们处于青春期的孩子聊天时更体贴认真一点，也就是说当你们问他们今天过得怎么样时，他们可能真的是通过语言在做出反应呢。

管教是真正的难事

在前面部分，我们已经证明了和你们处于青春期的孩子聊天是件不容易的事情，但是现在我们会谈到真正非常困难（有时会令人不快的）的事情：管教我们！

很明显，我们很不鼓励你们对我们说“给我出去”之类的话，但是我们需要面对它。不可避免，青春期的孩子和父母经常会吵架。在这种情况下，我们也会给你们一些建议，如何可以让过程更加缓和一些（从我们的角度来看）。

不要对我大声嚷嚷

你们处于青春期的孩子做了一些他们说自己不会做的事情，或者他们直接表示不服从你们。你们会怎么做呢？当然，首先你们一定不要朝我们大声嚷嚷。

冲你们青春期的孩子大声嚷嚷，一般会有两种结果：

1. 我们也冲你们大叫，这样就开始了一场超级大叫比赛，很可能（由于他们的荷尔蒙）我们会变得很有攻击性，嘲笑你们的行为。这样我们就会有麻烦了，我们的权利会被剥夺。这有什么公平可言？

2. 我们将不再说话，无论你们说什么，我们也不会有反应。

这是很自然的反应，大叫就意味着麻烦，只要你们开始大叫，你们青春期的孩子就不会听你们说。因此，一定不要大叫——即使是我们挑起来的。

可能你们会发现，你们对任何事都会大叫，从一些小事情，例如“谁偷吃了糖果”（在梅根家里常会发生），到更加严重的问题，如“不要打你们的弟弟或者妹妹”。在这些情况发生的时候，无论问题多么严重，最好先冷静，然后按以下步骤来做。

1. 在做出反应之前，听听你们青春期的孩子怎么说。

2. 如果真有问题的话，和他们平静但坚定地交谈，强迫他们回答你们，确保他们听到你们说的话。“强迫”不是说用武力把他们圈禁在一张椅子上，而是不要让他们溜走，除非他们有了回应（好吧，有时很有必要让他们重复你们说的话，尽管这听起来有点傻）。

3. 如果有必要，跟着他们，但是不要朝他们大叫让他们回来。“你给我回来——我还没有说完呢！”这些话没有任何帮助。

4. 当你们和他们说话时，不要让生气的情绪影响你们。如果你们实在很生气，告诉他们你们需要时间冷静一下，之后会和他们聊（但确保你们一定会这样做）。

如果你们没有这样做，谈话将会变成剧烈的争吵，双方都不会考虑自己到底说了些什么，也忘记了是因为什么开始争吵的。

我希望妈妈多听我说而不是对我生气，这样我就可以解释而不是对她生气。她生气的时候，总是不和我说话，就好像我只有3岁孩子的智商一样。

——艾丽，16岁

特别提醒

如果你们觉得“不可避免的巨大战争”就要来了，请礼貌地找借口离开。去公园或者一个不一样的空间冷静一下，因为只有这样，你们才能有效地惩罚孩子。如果你们为控制权而斗争，无论你们觉得自己隐藏得多么好，我们都能够看出来，就好像律师一样，我们总是能发现并说出最致命的一点，逼你们崩溃——这样我们就有借口不再说话了。

就像托马斯·杰斐逊说过的那样：“当你生气的时候，在说话之前数10下，如果很生气，数100下。”或许他应该再加一句，如果处理和青春期孩子有关的事情，数1000下！

青春期的孩子是操纵专家，他们已经至少和你们一起生活了13年，并不断触碰你们的底线，我们知道什么能让你们发飙，并会利用它们。有些青春期的孩子会故意惹怒你们，看看你们会不会冲他们嚷嚷，所以请保持冷静，或者暂时从当前情况下离开，这就会否认他们获得了胜利。他们不久就会发现再也无法控制你们的脾气，最终会厌倦尝试……这种可能性很大。你们应该意识到，这不可能一夜之间发生，应该坚持下去，会有回报的。

如果你们照我们说的做，就会获得额外的好处。就像交流变得越来越容易一样，邻居也可以因为你们的安静获得一个更和谐的居住环境。

当然即使有些父母可以保持冷静，他们的孩子依然会朝他们大叫。如果是这种情况，请弄明白他们为什么大吵大闹。我们知道看起来好像我们这样做只是因为荷尔蒙的原因，但那只是偶然情况下。很有可能确实有一些内在的因素。当然需要问一问你们的孩子，因为虽然我们拒绝和你们谈论，但是如果你们能花点时间考虑一下我们的感受，我们会很开心。你们从不知道：问一些关心我们的问题会鼓励孩子和你们坦诚地交谈，这会大大改善你们的关系。

我父母总是告诉我不要大吵大闹，但是我真的没有觉得我在这样做。我想可能有些时候我觉得很沮丧，控制不住而提高了自己的声音吧。

——汤姆，16岁

但是他们从来都不听

上帝不会允许你们让你们青春期的孩子管理房子的，但是有时候当你们出门在外的时候，你们确实需要帮助。当提出建议的时候，你们一定要清楚地告诉他们需要做什么，并且确定他们在听你们说话。在他们卧室门外大声告诉他们做事情的顺序是没有用的，相信我们，在那种情况下唯一能够引起他们注意的是门。

确保没有分散他们注意力的东西，也就是说电视是关着的。在告诉他们你们需要的东西前要确保和他们有眼神交流。之后，让他们重复你们刚才说的是非常明智的做法。即使他们会觉得这样很烦，但这确实是确保他们注意听你们说话的好方法。即使上面说的你们都已经做了，最好在你们离开之前，写下一个小纸条，告诉他们任务是什么，并且确保把它放在他们容易看到的地方。

有一次我妈妈在楼下给我留了一张纸条。直到3点我才看见——在离她回来只有1个小时——但是她给我布置了一大推任务。不用说，我没有完成，又被说教了一番。

——梅根

如果你们被允许进入他们的卧室，那么这是放纸条最好的地方，即使他们不想出去——许多青春期的孩子都不想——他们就一定会看见。然后毫无疑问，要确保他们知道自己要做什么（不要从孩子那边找借口）。如果你们的孩子不让你们靠近他们的卧室（大部分都会这样），那把纸条贴在他们卧室门上怎么样？或者把它留在你们确定他们在这段时间内一定会去的地方——甚至是在卫生间的镜子上面。

小贴士

唠叨是史上最烦人也是最无效的事情。作为父母，做那种事情完全没有必要，因为这只会让你们的孩子生气并且故意不去按你们说的做。最好让他们自己去处理，相信他们可以处理好。如果他们没有做到，他们会从错误中学习，另外你们这时就有权唠叨了。尽管唠叨在每个家庭都会上演——即使是非比寻常的家庭——但是当唠叨过度的时候就会与其他问题联系在一起，例如开始争吵，而这会严重影响你们的关系。每个人都会有一些小唠叨（青春期的孩子是不完美的——我们是被唠叨的），但是请注意，不要让你们和孩子的关系成为唠叨大战。

可怕的结果

我们也不敢相信我们竟会告诉你们怎样责备青春期的孩子，看起来好像错了。我们了解为什么当我们不按照你们说的做时（有时是故意的），你们会想要指出来。

就像我们已经指出的，管教不应该大叫。作为一名成年人，你们需要主导整个局面，用清晰平静的声音指出他们的错误。告诉他们哪里确实做错了，你们为什么这样惩罚他们。

作为一个人，不要批判你们的孩子（我们知道你们会批判我们的行为），因为如果有人一直告诉你们说你们做得不好，你们也不会喜欢。那么你们为什么对孩子那样做呢？你们能对他们的行为进行批评："这种行为是不对的""我对你们期望很大"——诸如此类的话会让你们的孩子思考（并且感到愧疚），同时也不伤害他们在这个时候已经非常敏感脆弱的自尊心。

当然也不要花一个小时来教育他们，告诉他们哪里做错了，这很烦，你们的孩子不会听的。直接告诉他们所做的为什么以及如何是错误的，但是更多地把注意力放在他们这种行为的结果上。

想不通，为什么我们会告诉你们这个，但是，在一些你们的孩子确实应该被教育的事情上，我们列出了一个我们认为公正的（如果我们觉得公正，我们对你们的选择也会更尊重）结果清单。

温和的过错（例如，骂人，和小混混打架，没有经过他人允许用别人的东西，等等）不需要太严厉的惩罚。

1. 剥夺他们一天的特权。
2. 让他们做任何人都不喜欢做的事情（例如洗衣服）。
3. 让他们待在自己的房间。
4. 改变他们的宵禁（见第5章），让他们提早睡觉。

但是，大的过错（例如，严重打伤他人，对父母有攻击性，对他们去哪儿了撒谎，等等）应该会有严重的后果。

1. 禁足到你们觉得可以了。
2. 剥夺他们所有特权（包括手机和电脑）。

3. 拿走他们的银行卡和钱，这样他们就不能买任何东西了。

确保你们的惩罚与错误相当，不然我们还会犯同样的错误，要不就是因为我们认为你们的惩罚太严重，要不就是因为我们觉得太容易逃脱了。

公正：不要夸大

你们不要让它听起来言过其实了，这也很重要：如果你们的孩子的行为可能杀了人，那么就这样说，不要再夸张。

我听说有个男孩，在一次学校旅行中，他没好好在前面那人的后面，而是稍稍有点落后，老师就疯了："这样你会害死你所有的朋友！你觉得怎样？"他很严肃地回应道："非常感谢！我想成为足球队的一员。"

如果你们夸大事实了，青春期的孩子将再也不会相信你们所说的话。他们会想："如果她夸大了那件事，估计这件事她也夸大了事实——让我们弄清楚。"

小贴士

父母常常会犯同样的错误：不要在让一个青春期的孩子去做某件事时对他说"照我说的去做"。要经常解释一下为什么需要做这件事，即使这件事会对我们有所帮助。

无论你们怎么想，我们并非完全没有理智。如果你们能拿出证据证明某件事需要做，我们会对你们表示尊重，并且去做这件事。青春期的孩子会有这种倾向：我们认为自己被父母控制，因此想要不断挑战底线，看我们到底能做到哪种程度。如果你们不能让自己的要求合理，我们就会简单地认为你们不想让我们开心地生活，在你们训导“荷尔蒙上升的青春期孩子”之前，我们会直接拒绝任何交流。

不要草率地给青春期孩子犯的错误下结论

另一个很常见的问题是父母常常很快地给青春期孩子的错误下结论。请尝试把他们放到当时的事件中，从他们的角度分析。

我不会和他们说一些我知道他们一定会不同意或者对我有偏见的事。

——马克，17岁

如果你们的孩子向你们坦白他们做的事情，尝试一下在下结论之前先好好听他们说——至少在你们说之前。这类例子包括：丢手机，喝酒带来的灾难，在学校做坏事或者承认他们说谎。孩子向你们坦白是因为他们担心或者觉得愧疚，因此，厉声斥责他们只会让他们不再和你们说这些。

过去我常常和妈妈聊天，但是有次因为成绩不好，她数落了我一番，之后，我就不想再和她说任何事情了。

——安诺，16岁

并且，记住，你们不会一直和现在一样理智——难道你们一出生就很完美吗？如果你们好好想想，可能会知道你们也是从自己的错误中学习成长的（就像你们的孩子一样）。每个人都是从他们无论是成功还是失败的经验中学习——这才是最重要的。

小贴士

为什么不花时间回忆一下你们的孩子过去的努力呢？现在把你们青春期的孩子的行为放在这个视角下。很明显，你们曾经也是一名青春期的孩子，很久以前，科学地说，你们曾经有过同样的荷尔蒙变化的过程，就像我们现在经历的一样。

歪曲事实

尽管青春期的孩子很有可能对你们坦白地说一些事实，但是有时，我们也会说一些善意的谎言（有时是老套的大谎言）。

我们知道，有时候大人也会撒点小谎，因此你们不能对我们要求那么严格，但是我们承认青春期的孩子常常会觉得“如果我们父母或者老师不知道，这样就不会伤害他们了”。

“我知道我的数学成绩很糟糕，但是每个人都考得不是很好，我的分数其实已经算是中等了。”这确实是一个小谎言，没有什么好担心的，但是如果和你们说“我去朋友家了”，可能更严重的结果是之后会去酒吧，并且在那里过夜。

有一些方法可以判断青春期的孩子是不是在说谎。

1. 当你们询问他们时，他们的回答很简洁。

2. 他们拒绝了原来他们收到会很开心的礼物。

3. 当他们离开的时候，和你们说手机快没电了，也就是说他们没法和你们联系了。

他们为什么说谎呢？

- 避免被你们评判
- 避免争吵
- 这样父母就没法阻止他们做这些事情了

父母可以怎么做呢？

1. 尝试理解他们说谎的原因。

2. 当他们和你们说一些事情的时候，尝试保持冷静，要不然他们再也不会和你们说了。

3. 向他们解释为什么他们不应该说谎。

如果你们青春期的孩子能够看到自己所犯的错误，告诉他们这些行为很糟糕，只会让他们更加生气和不安。当他们完全了解自己的错误，并且向你们寻求帮助的时候，要使他们安心，而非指责他们。如果你们向孩子展示你们的开明，他们会对你们有信心，这样你们就能听到你们从未想到的问题，而这些都会增进你们的关系。

我不是和你说话

不跟他说话对小孩子来说是一种有效的方法，但是这却不是父母在处理青春期孩子问题上的有效办法——这只会表现出你们的孩子气——这应该不是你们的目的吧。

如果我做错了事，我妈妈会一整晚都不和我说话——我觉得那样太小气，太令人讨厌了。——安诺，15岁

如果你们用沉默对待青春期的孩子，你们实际告诉了他们当你们生气或者烦躁的时候，你们将不会和任何人说话，特别是那些让你们生气的人——大部分情况下，在青年人看来，就是你们自己。他们将会模仿这种行为，最终一家子都会在沉默和不开心中度过。

我们常常会在不自知的情况下模仿大人的行为方式。心理学家尝试研究来发现证明孩子是如何在不自知，甚至不喜欢的情况下，模仿父母的行为。

赞美

每个人都想要一颗金色的星星。赞美你们的孩子和教育他们同样重要（父母常常会忘记这点），所以当他们做了好事，或者按你们说的做事情的时候，例如洗衣服或者打扫房间（你们能想象一下，对吧？），这时，你们要谢谢他们，赞美他们。这会让他们觉得很开心，很自豪。很不错的方式，而且，如果你们很幸运的话，他们以后也会这样做，让你们和他们自己都感觉开心。下面的话充满了力量：谢谢你们，做得真不错。现在开始练习吧……

如果我足球踢得不错，或者取得了好成绩，我父母就会大惊小怪的，听起来有点愚蠢，但是我觉得很开心。——史蒂夫，14岁

噢，千万不要和他们说“这是你们应该做的”。即使这可能确实如此，但是这让我们努力完美地做某事的事实大打折扣，这种评价也会让我们以

后故意不再好好做。所以就享受吧！

因此，上面说的这些就是如何与你们处于青春期的孩子良好地沟通，如何公正地训导我们的方法——如果我们这样下去，你们一定很快就会有一个像布朗迪一家子那样快乐的家庭。当然，这不会那么容易，但是也会大有不同。

如果你们能够成功地让我们和你们聊天，你们在其他提高彼此关系的事情上一定也可以做到。我们列出了三条你们和青春期的孩子完美关系的关键因素（无论你们是否相信，但是技术上来说，如果你们买了这本书的话，你们就在问我们是怎么想的），这些在你们交流上可以有所帮助。

- **开放**。好的关系需要开放，我们应该觉得可以和你们说任何事情（因为你们可以理解并赞同）。如果你们想要我们对你们开放，你们应该同样对我们开放，这种关系才平等。在我们这本书里，父母保持开放可以鼓励孩子诚实。
- **相互理解和尊重**。我们想要我们的意见获得尊重（因为，作为回报，我们也会尊重你们的想法），这是最重要的。你们想要如何被对待，就以同样的方式对待我们（如果这有所帮助，尝试回忆一下，你们想要如何被你们的父母对待），这样你们就不会做错了。
- **开心一点**。最重要的是，尝试享受和我们的关系——这不是什么难事！露易丝没有太多时间和父母在一起，但是她经常会和她妈妈一起坐下来看《实习生》，然后彼此交谈，因为一些竞争者的表现而大笑。笑声是缓解紧张最好的方式。

Teenagers Explained

Chapter 3

家庭变动

“我喜欢孩子！他们这么可爱和完美！”当你们决定要组建一个家庭时，你们脑子里一定是这样想的。或许你们还想着孩子越多越好。好，我们向你们致敬，但是相信你们已经意识到你们错得有多么离谱了吧！

在前面的章节，我们已经表明和一个青春期的孩子交流有多难，更别说需要在他们和他们的兄弟姐妹之间协调了。呀！不得不说养育独生子女也是一个非常艰巨的任务。（他们是不是，露易丝？）

我们属于不同类型的家庭——露易丝是家里的独女，梅根有一个弟弟——我们能涵盖基本类型。我们觉得分写两部分是有必要的（一部分有兄弟姐妹，一部分只有自己），这是根据我们自己的经验得出的，你们下面会读到的就是我们独自勇敢面对的情况。

在读这部分与你们的家庭结构相关的内容时，放轻松一点，尽管我们相信它们都很有趣，并且会提供处理不同情况的智慧——为什么你们不读一读呢，你们将会找到答案！

我们将会从兄弟姐妹开始，因为梅根先写她的部分。

犯错误的伙伴：梅根的家庭

如果你们有不止一个孩子……我能提供给你们的唯一保证是接受这个事实吧：他们不会永远都是这么大。哈！开个玩笑——当然，我有一大堆的建议，尽管，首先你们不得不承认这个事实。

首先，默默接受一定会有争吵这个事实。这个可能是你们家里常会有的互动，在不止只有一个荷尔蒙正在变化的十几岁孩子的家庭更普遍。你们要一直记住：我们不会一直都这样；相信我们，之前是小天使，之后会是体面的成熟公民。尽管现在我们会做一些看起来不怎么成熟，像个不善交际的成年大猩猩一样。

这些争论可能经常是由一些很小的事情引起来的，例如“你坐在了我应该坐的地方”或者“我已经做了一半洗衣服的任务”。当然，这些原因总是很荒谬，是的，我们知道，感觉好像争吵会永不停息，但是在隧道的尽头总会有光明……或许，只需要多给他们几年时间。

但是，现在你们能做的最好的事就是尝试忽略它，明白这是成熟的一部分。平息战争，不要一直受它影响。

很明显，如果你们青春期的孩子们好像到了要杀了对方的时候，那时你们就不得不掺合进来了。吵嘴很容易辨认，因为，正常情况下，你们青春期的孩子会尝试隐藏他的笑意。当争论很严肃，影响了每个孩子时，你们必须插手进去阻止他们。

我和妹妹经常会吵架，我觉得对爸爸很抱歉——和每天争吵的女孩们住在同一个屋檐下。

——苏菲，18岁

对于每个人来说，在结束了漫长艰难的一天之后，或者一大早刚刚醒来的时候，脾气暴躁或者孤僻很正常。对于青少年来说也是一样，所以如果争吵是在这些时候发生的，不要觉得惊讶——那些时候你们唯一能幸免的办法是打呼噜。

打破限制

兄弟姐妹的脾性很类似，想要养两个孩子，这点没有什么好处，因为冲突是不可避免的。从我们的角度想一想：想象一下你们最讨厌的人，你们又不得不和他住在同一个屋檐下。这就是你们的孩子常常会感觉到的，所以不要冲他们大声嚷嚷，让他们坐下来，告诉他们，他们之间的争吵如何影响了整个家庭，然后出去，让他们自己消化一下。不要担心，最终他们会和解的。

因为我惹怒了她，我妹妹有次藏起了我所有的化妆品，足足有三个星期——我真想杀了她。 ——丹尼尔，16岁

最糟的是你们不停地唠叨，让聪明的青春期孩子改变他们的行为——即使他们想要改变，他们也会故意不改，仅仅为了惹怒你们。是的，我们就是这么固执。

并不是所有的争吵都是像看哪个频道那么小，在那种情况下，你们需要采取一些措施。

- 首先，要把孩子们分开。在我家（我们知道这是泄愤的场所）被称作打破限制。

- 当冷静下来时，和每个孩子分别交谈。通过声音、语气和身体语言［告诉他们你们非常认真严肃，但不要像绿巨人（注：愤怒时会变身）一样］表示权威，让他们认识到自己错了。
- 听他们诉说，判断谁是对的并且坚持这个判断。你们青春期的孩子会接受这种大人式的处罚方式，不要用对待小孩子的方式对待他们。
- 不要做独裁者，这只会让你们的孩子做得更过分，并把他们的愤怒转移到你们身上——耶，现在你们怕了吧。

因为我是最受喜欢的

很关键的一点，不要对其中一个孩子偏爱，即使其中一个真的很调皮（或者，在我们眼中，令人讨厌）。你们的孩子们会注意到这一点，他们会因此对你们产生怨恨。每个兄弟姐妹都有可能受到伤害，但是你们一定要让情况保持平衡。在处理一些问题，例如分享，或者打破争吵时，你们一定不能有偏向。否则，他们会打群架（很不幸）。

当开始的时候，让你们的孩子们从混战中离开是很有必要的。尽管我们知道，如果你们的儿子有6英尺高，还是橄榄球运动员，这没有那么容易。

同样，像猫一样打架在女孩们之间很常见，她们常常因为“她用了我的矫正器”（请用尖锐的，烦躁的声音来读）而争吵。

我和妹妹相处得很好，不过我们经常会有一些小斗争。但是一旦冷静下来，我们又成了最好的朋友。——凯特，14岁

约束孩子最好的方法是首先给他们警告，向他们解释哪些做法是错误

的，如果他们继续下去将会产生什么后果。如果他们又进攻，你们必须严格按照处罚规则处罚，即使他们哭哭啼啼的。只有这样做，他们才会认识到你们的权威。尽管你们控制着情况，不要幸灾乐祸，或者触到他们的痛处。这都会适得其反，无论你们觉得自己如何有趣。

你们爱他们比爱我多……

嫉妒也是很大的问题。一个孩子可能会想要另一个孩子有的东西，隔壁家的草总是更绿（是的，我没有认为你们的孩子们是羊）。

在兄弟姐妹之间常会有竞争，所以父母能做的是尽量保持公正，让他们安心。

我妈妈总是说我阿姨总是能得到她想要的东西（她们都已经40了！）

——蕾切尔，17岁

向孩子解释为什么他们中的一个得到了一些东西而其他人没有，但是不要经常屈服——记住你们是大人。这常常是一些很简单的事，例如“为什么他拿的糖果比我多”，但是，有时候隐藏着更深的感情。当家里的小婴儿能够像最大的孩子一样（常常也是最好的），后者常常会觉得受到了威胁，会像动物一样本能的反应：想要击倒自己的对手（例如，你们是那么一个怪人）。

不要慌！确保你们没有将他们进行比较，因为这会鼓励你们的孩子和他们兄弟姐妹斗争，并且把他们的错误暴露给你们。鼓励你们的孩子表达他们自己的才能，因为无论青春期的孩子怎样否定，他们总会有一些特别擅长的领域——只是有待发现而已。

最大孩子的诅咒

从经验中，我能提供的一条很重要的建议是，不要对你们最大的孩子有太大期望。我们讨厌把这个事实告诉你们，但是他们没有那么完美，你们认为他们有多完美，他们就有多不完美。做榜样的压力很难承受。

我弟弟在家里最得宠，他什么都不用做，但是我必须很努力去做得足够好。

——马克，13岁

我从不被允许那样做

不仅仅最大的孩子会觉得有压力，他们还会因为弟弟妹妹可以出去自己却不行而感到痛苦。他们不得不和你们软磨硬泡，让你们同意他们自己去索普公园，但他们弟弟妹妹几乎都不用问就可以去。

我妹妹只要想和朋友出去她就可以，但是我必须要和我妈妈请求几个星期，她才能允许我们去看电影。

——莉齐，15岁

哎，真是羞愧，但是他们不得不处理这些事情——很难但是确实真的（我不是家里最小的）。和你们青春期的孩子谈谈，向他们解释一下你们这样决定的原因，并且保持强硬。就像我们先前说过的，青春期的孩子是操纵专家，他们一旦抓住你们的弱点，就会巧妙利用。

给你们最大的青春期的孩子举一些他们作为老大可以拥有的好处。

- 他们做的每一件事都是新鲜和令人兴奋的，这样无论弟弟妹妹成就如何，都不会这样让人印象深刻。
- 他们不会用二手的东西。
- 最重要的是，即使弟弟妹妹不用抗争就可以得到一定的特权，但是作为老大，就意味着得到的更多。

我知道无论怎样困难，我们都会度过，但是青春期的孩子是很脆弱的。对于生活中会出现的事情我们很担忧，常常觉得没有安全感。所以在家里，我们会不自觉地流露出这些感情，特别是对我们的弟弟妹妹，这样我们会觉得舒服。至少，把这当成一种恭维吧。毕竟，你们的家人除了爱你们（你们对他们也是如此），别无选择。对吧？

小贴士

确保当你们努力改善和青春期孩子的关系时，不会影响你们忽视对其他孩子的关心，否则，你们的努力都白费了，一切要重新开始。

特别，但不要宠坏：露易丝的家庭

如果你们读这一部分，我就认为你们只有一个孩子。恭喜你们，真是不错的进步！你们知道在2011年，平均抚养一个孩子到21岁的费用是2,100,00英镑吗？！只养一个孩子是非常明智的。

但是，这也意味着在晚年的时候，照顾你们的孩子就很少了，在养老院，探望你们的人就很少了。可能，也不是什么明智的做法……

无论如何，这取决于你们。只有一个孩子也有很多好处和坏处。就拿我来说，只有一个人，我相信我们的行为和有兄弟姐妹的孩子的行为会有点不一样。

压力

第一件需要指出来的是压力，无论在学校还是在将来的事业上，我们都有压力要努力做好。所有的注意力都放在一个孩子身上，因为没有其他兄弟姐妹来比较，就不得不凡事都做得很好。

当我考了40分，但是因为考题很难，这个成绩和其他人相比，已经很不错了的时候，我经常会听到我妈妈说下面的话“我敢打赌（这里插入一个朋友的名字）一定好好复习准备考试了！”

事实上，独生子女的家长，总会有进度指示，来判断他们的孩子做得怎么样，因为他们没有作比较的对象。父母也会把太多压力放在他们身上。尽管这实在没有什么好处——让我们成功，可以讨好你们自己——请不要太过分了。作为你们“唯一的希望”，我们已经感到了巨大的压力，不需要一直提醒我们。

作为家里唯一的孩子，我意识到妈妈想要我做得非常好，非常成功。

——斯蒂芬，16岁

孤独者

独生子女的父母常常会因为一个问题担心他们的孩子：孩子一个人时

会不会舒服。父母们常常会觉得他们一定会被欺负，或者一直在努力交朋友，或者他们很孤单。对于一些孩子来说，可能是真的，但是我们大部分人自己一个人独处时都会觉得很开心。

这并不是说我们是孤僻的，但是如果你们小时候自己一个人待着，你们会变得更有想象力，让你们自己更加丰富，要不然你们很快就烦了。

“我一个人待着很舒服，不是什么奇怪的事情，只是我需要自己的时间。”

——詹姆斯，16岁

尽管我们喜欢独处的时光，但是作为家里唯一的孩子，我们会被迫变得更外向，更自信（当你们在社交俱乐部或者在假期的时候）。我们常常会和陌生人聊天，并且和他们交朋友，因为我们没有能在一起玩的弟弟妹妹。

当然也有相反的一面，有些家里唯一的孩子会很害羞和内向。如果这样，你们需要注意你们的孩子，鼓励他们更自信一些，可以尝试下面的方法：

- 加入社交俱乐部
- 和同龄的堂兄妹成为朋友
- 确保在学校待很长时间（不要太长，否则会出问题）

独立

我个人认为，作为唯一的孩子，我们真的很独立（你们注意到这点了吗），主要是因为我们常常依靠自己。自己承担，这是很不错的事。但是当和过度保护孩子的父母待在一起的话就不是什么好事了，因为独生子女的父母常常会这样。现在，我并不是在指控你们，但是——诚实地说——你们有点太爱惜你们的孩子了，对吗?

当你们只有一个孩子的时候，很容易过度保护他们，为他们做很多事，过度关注他们，这就是为什么人人常说独生子女自私，被宠坏了（但是他们完全错了，哼）。当你们的孩子开始进入青春期，让他们出去很难。你们总会矛盾。他们更想去外面，次数超过你们所能接受的量，你们会尝试阻止他们做一些事情，这样他们觉很荒谬。

这肯定会引起你们的争吵，但是最好保持冷静和理智。另外，当你们处于青春期的孩子看起来很好辩，没有什么原因就很情绪化，尝试理解他们，当家里没有兄弟姐妹的时候，你们是他们发泄愤怒的唯一对象了。尽管这有点讨厌，有时可能会有潜在的伤害（他们为什么对我发脾气，我做错什么了），不过记住，其他男孩子，如果和弟弟们打闹一下会觉得好很多，但是你们青春期的孩子没有这种方法来摆脱他们的沮丧。当然你们也不能奢望我们通过对着朋友大吵来消除压力！悲哀的是，你们不得不忍受这些事。

小贴士

默默忍受这些冒犯吧，你们的孩子并不是有意伤害你们的。

如果我们做任何事情不一致，请按一般情况教育我们，不要掺杂个人感情，明白我们这样做是有原因的。特别是在青春期，你们对我们少些控制，这很重要，即使你们还是想保护我们，不让我们外出。

相信我，即使你们可能怀着好意，但是我们只会把你们的行为当作干涉我们，破坏我们，不让我们开心。

你们很无聊

这会让人有点难过但却是事实：大多数的青春期的孩子都不想和父母在外逛太久。大多数青春期的孩子在家里都至少有一个年纪相仿的兄弟姐妹（我所有的朋友，我只知道有4个人是独生子女），你们青春期的孩子只有1个。15岁的时候，每天和中年人待在家里听起来没有什么吸引力，特别是当你们15岁，而每个40岁的人都可能像80岁的人一样。作为父母，一个不好的消息是，你们青春期的孩子可能觉得需要出去，而且次数比你们想的要多。

我无法花太多时间和父母待在一起，要不我就该疯了。

——奥泽拉姆，15岁

更糟的是，他们可能对自己去哪里了，和谁一块等问题闭口不谈，因为，作为独生子女，他们更加注重个人隐私，他们没有和姐姐或者哥哥分享事情的习惯。你觉得自己被排斥了，滋味一定很糟，你们一定会担心你们的孩子，但是尝试妥协一下。

藏在他们的卧室

因为家里没有其他的青春期的孩子，你们的独生子女可能会趋向于大部分时间待在自己的卧室，要不和朋友在网上聊天，要不看电视。事实上，这很容易预料到——对于所有青春期的孩子都是很普遍的现象——但是鼓励他们多和你们待在一起，至少，坚持一块儿吃饭。原则上，你们要向他们展示出和你们待在一起会很快乐。

除了细微的差别，独生子女和其他青春期的孩子没有什么不同，他们只是更注重个人隐私，更想外出。他们还是可以忍受的（就像其他处于青春期的孩子一样），慢慢会变成可爱、成熟、独立的年轻成人！

好吧，至少大部分会。

圈起羊群

好，你们已经成功阻止了你们青春期的孩子和他们兄弟姐妹打架，或者你们已经尽力让你们的独生子女独立且让他们没有那么孤单。但是怎么样让你们青春期的孩子们和家人待在一起呢？不可能，对吗？事实上并非如此……

我们都认为家庭时间很重要，尽管我们知道我们可能没有表现出来。

诚实一点：你们真正花了多少时间和你们青春期的孩子聊天？可能每天10分钟？一星期1个小时？或者一个月就断断续续几次？我们知道让你们青春期的孩子和你们说话很难，但是好的关系意味着一起做一些事。这在将来会让你们有曾经一块儿大笑的回忆，尽管可能并不都是开心的时光。

当我们在多塞特郡度假的时候，我们一起散步，然后迷路了，结果从一条很窄的路下去，如果没有那些比我还高的荨麻，应该就可以出去了。妈妈说那一定是我们要走的路，穿着短裤背心，我勇敢地（好吧，我自己这样认为）穿过刺人的荨麻丛，但那时妈妈又告诉我说她觉得我们应该走相反的方向。 ——露易丝

这看起来很简单，但是我们认为家人在他们孩子变成青春期的孩子时，

总是放弃度过有意义的时间的想法，这仅仅因为它没有那么容易。但是想一下：如果你们没有和你们的朋友待在一起，你们还会这么亲密吗？可能不会吧。这就是为什么家人需要花时间坐下来一起聊天，或者外出，到城堡探险。无论做什么，你们一块儿行动就行，因为据我们调查，72%的青春期孩子希望和家人有更多的时间待在一起，即使只是闲聊。

尽管，我们承认，说要比做容易得多。对吧？

我和家人一起做很多事情，有时如果我们已经有了计划，我甚至会拒绝我的朋友。和家人待在一起的时间，我一分钟都不想浪费。

——艾比盖，16岁

我不想

“我不想”是很熟悉的一句话，青春期的孩子常常在你们做评论的时候说这句话，接着毁掉美好的一天。尽管这会让你们觉得很崩溃，下次当我们说这话的时候，请先好好想想我们为什么这样回应你们。我们是在反抗吗？还是你们冒犯了我们，让我们不开心呢？（记住你们对开心的定义会和我们的定义大有不同！）家庭时间对于青春期的孩子和更小的孩子们来说都可以是件开心的事情，但你们必须好好想想你们会提供什么样的选择。也就是说不能去平均参观者的年龄是4岁的游乐园、农场或者类似的地方，这些地方充斥着小小孩，处于青春期的孩子不会想去这些地方，他们会觉得那样做很蠢，不自在。

相反，给他们提供一些他们想要的。例如，去电影院看成年电影，打保龄球，和他们一起做运动，或者如果他们有什么特别爱好，特别擅长某项运动，可以让他们来教你们。

小贴士

处于青春期的孩子喜欢教他们父母一些东西的感觉，如果父母在学习过程中出错，也很享受嘲笑一下你们的感觉。所以给他们教你们新东西的机会吧。

我父母总会建议一些活动，让我小弟弟（他只有4岁）开心，但是好像他们忘记了我，觉得我太情绪化，不会想进行冒险游戏。

——马克，14岁

让你们青春期孩子说话的一个简单办法，就是把他们带到餐馆去吃饭。餐馆里没有其他事物，如电视或者电脑，会打扰到你们，然后你们可以成功地开始和他们聊天。确保像对待大人一样对待他们，谈一些有趣的话题，避免会引起争论的话题。不要用“为什么昨天不打扫你的卧室”之类的话开始聊天，这只会毁掉这种交谈的机会，剩下的时间，因为觉得被冒犯了，我们会呆坐着，不理任何人。我们不是说你们永远都不能和我们说这种话题，但是确保谈这个问题的时候不是在家庭时间里，你们知道的，家庭时间应该是很快乐的！

另外一个重要因素是让你们青春期的孩子帮助做决定，因为我们喜欢控制某事。

我喜欢家庭时间，我觉得它很重要，但是只有我愿意我才会去。

——安娜，16岁

评估系统

给你们处于青春期的孩子机会，让他们从五个可以选择的家庭活动中挑选一种。你们甚至可以引入一种评估系统，就像梅根家曾经做过的一样，这样他们可以按先后顺序排序。这样，即使我们没有做我们想要做的，至少我们知道这个决定是公正的，所以我们的抱怨就会少一些。

如果你们不给我们挑选某事的机会，仅仅告诉我们接下来将会做什么，我们就会如你们所料，像小孩子一样缠着你们并抱怨，直到你们改变计划，说我们不必去。听起来这种情景是不是很熟悉？

但是记住，即使给了选择的机会，青春期的孩子不会一直听话，而还是会试试自己的运气。一定要坚决，向他们解释为什么家庭时间很重要。处于青春期的孩子们并不傻，他们知道如果这次奏效的话，下次还会有效果，这样当他们不想去的时候，他们就会再次使用这种办法。

小贴士

和你们青春期的孩子商量一下，当他们把手机落在家里而你们又在外面的时候，他们可以有一些钱，或者他们在某个年纪一定会想要的东西。

打断他们

不要突然决定，你们想在醒着的每分钟都和你们处于青春期的孩子待在一起，并期望他们也会很开心。他们不会的。如果他们没有习惯这样，那么和父母待在一起的一整天都会是无聊的，特别是当他们另有安排的时候。我们和父母在一起的时候，不得不表现得和平时不一样——毕竟，你们是他们的父母而不是他们的朋友。

我肯定不会和父母进行食物大战，但是这在朋友们之间很常见。

——肖恩，14岁

此外，记住一家人更趋向有类似的个性，这常常会引发战争。

我觉得我和家人待的时间太长了。我觉得家庭时间应该在小事上很快乐。

——卡勒姆，16岁

慢慢建立这种关系：每隔几个月，做一项活动，如果这与你们的日常计划没有什么冲突，慢慢增加次数。和家人待的时间越长，你们会变得越亲近，我们了解你们可能会有其他的事情。这就意味着它不会一直都可以，尤其当青春期的孩子长大了，他们更想和朋友去外面而不是和你们待在一起。

现在我们的家庭活动比以前少多了，可能因为我们都忙了，因此我觉得这确实是不可避免的事。

——爱丽丝，15岁

即使如此，努力安排一些事情，但是当你们处于青春期的孩子没有空时也不要生气，确保安排下次的时间。梅根家常常每个星期日一块儿出去打保龄球，因为之后会有一次特别的聚餐，而类似的事情是一个好的开始。这意味着你们在一起很快乐，青春期的孩子也没有发现这是他们父母的策略。如果你们觉得这不实际，爸爸可以和儿子看球赛，妈妈和女儿一起购物，这些都能够让你们家人待在一起的时间更多。

我家人在一起度过时间这方面做得很棒。我们坐下来，每天至少会聊半个小时，看看每个人一天过得怎么样，有没有什么有趣的事情发生，矛盾的父母们这样做可以有希望。——梅根

对于人们来说，现在很平常的一个习惯就是吃饭的时候看电视，为什么不用餐桌呢？在这里没有分散注意力的事。如果你们没有餐厅，干嘛不把电视关掉呢？在你们发怒之前把它关掉，这可能会伤害电视机的感情（梅根的叔叔经常这样说，因此他不需要把电视关掉），你们要记住电视不会自己跑掉。青春期的孩子很快就会对一个小玩意儿失去兴趣，如果你们能坚持聊天，很有可能他们会加入进来。

当我们第一次对着电视吃饭的时候，大家都在因为选电影而分散注意力，没有人喝汤，所以它都凉了。令人伤心但确实是真的。

——凯勒，13岁

让他们从自己的卧室走出来

青春期的孩子花很长时间待在他们的卧室，在电脑上看不怎么清楚的电影，或者做没有任何东西的“家庭作业”。他们确实需要一个独立和私人的空间，这里他们可以独自待着，想一些事情，这就是他们卧室的作用。大量的青春期的孩子待在自己卧室的时间随着荷尔蒙的增加也会增加，他们需要更多自己的时间，这很正常。但是，如果这种行为有点太过，父母想让青春期的孩子走出他们的卧室都不可能。

从学校回来之后，我一般会直接到我的卧室，一直到第二天早上我不得不离开。偶尔我会下楼吃早餐，但是大多数情况下，妈妈会把早餐送进来，或者我就不吃了。

——安诺，17岁

有很多种方法引诱你们青春期的孩子走出他们的卧室，但是父母需要聪明一点。

不要尝试进入他们神圣的空间把他们叫出来。你们一旦跨进他们的卧室，大多数孩子会冲你们大叫，在你们说“嗨”之前，会当着你们的面摔上门。青春期的孩子会在自己的卧室留一些陷阱，来确保没人会侦查他们，这一点儿都不让我们惊讶。即使你们成功地进来，并且通过了陷阱，你们面对的将会是愤怒的孩子，他们没有心情和任何强制侵入他们空间的人说话，所以你们最后还是得转身离开。

提供一些比他们卧室更有趣的东西（记住一定要是好东西）。梅根的弟弟从不想出来，也不会花时间和家里任何人说话。最后，梅根的爸爸在男孩专属日，带他去奔驰世界，因为他很喜欢汽车，所以他们花了一整天的时间聊天。尽管她弟弟还不是一个话匣子，他现在偶尔也会说一些完整的话，有时甚至会主动找话题——我们知道，这太令人震惊了。当然，记住，这不会突然发生：你们青春期的孩子不会早上出去的时候还嘟嘟囔囔的，晚上回来的时候就变得像评论员一样能说，这需要时间和耐心，但是确实有效果。

我们都诚实一点吧：家庭时间不会总是很成功，也不会神奇得一下改善你们的关系，无论你们多么期望如此。但是，极有希望的是，和他们聊聊天，玩玩笑笑，将会向你们的孩子证明他们和家人待在一块儿会很开心——即使他们有点古板，令人尴尬——这会让他们更想和你们出去。不说其他，起码他们那天会看见日光！

幽默确实帮助改善我们的关系，但是总是有好有坏。

——爱丽丝，16岁

小贴士

尝试带你们青春期的孩子去他们想去的地方，而不是拽着他们跟着你们，这就会让他们更想和你们在一起。

Teenagers Explained

Chapter 4

朋友、派系、可怕的B

朋友

友情没有终点……

如果是家庭时间，父母总是鼓励孩子们参加（即使这真的很重要——我们知道！），但当涉及朋友的时候，情况则相反：父母们会努力让他们远离朋友。

对于青春期的孩子来说，朋友是一切。有了朋友就有了一切，没有的话，就没有了一切。

如果没有朋友，处于青春期的孩子会怎么样？朋友是当你们的父母朝你们吼时，能向他们小声抱怨的人——当然，这很不公平——因为你们没有时间做作业时，让你们抄他们的作业，不管你们怎样，他们都会在那里。当然至少我们希望这样。

没有哪个青春期的孩子会和父母谈论和朋友谈论的事。如果一个处于青春期的孩子开始谈最新的《欢乐合唱团》中的情节，或者为《全美超模大赛》投票时，他们家人可能会没有什么兴趣。这时，朋友和你们一起，因为你们有类似的兴趣，你们个性相符，你们可以忍受其他人的愚蠢，例如一遍一遍听同样的冷笑话。（露易丝，我在看着你。你的雪人笑话——有两个雪人，一个转向另一个，说："只是我吗，还是你们也能闻到胡萝卜的味道？"——真没什么好笑的。）

当你们没有和你们青春期的孩子聊天的时候，朋友填了这个空缺，曾经和他们谈过搞笑的人或者扔掉某人的用具吗？我想一定没有。

在青春期的友谊比在初中的时候更成熟。初中时，任何人，记住我说的是任何人，都可以成为你们最好的朋友，下一秒可能就被另一个代替了。如果一切顺利的话，我们可能会做很久的朋友。父母应该理解，不要干涉。

但是我的朋友都出去了……

很明显，对我们来说有很多朋友这真是太棒了，但是对你们来说，这就意味着和很多不同的教育方式打交道。你们处于青春期的孩子至少有一个朋友，他的父母对他很支持，我们会不停地这样说"阿比的妈妈让她出去，她想什么时候回去就什么时候回去，她也可以在男孩子家里过夜，"等等之类的——可能会接着发牢骚"这太太太不公平了"。

只要你们还有理智，就坚守你们的观点。一半的时候我们都在夸大我们朋友们被允许做的事情。

并且，如果有比你们开明的妈妈，也一定会有比你们更严厉的妈妈，你们可以时不时提醒一下你们青春期的孩子（并且威胁说你们觉得自己太开明了，如果他们一直这样，你们会变得更严厉而不是放松）。

我们讨厌你们不停地对我们唠叨，所以我们不会这样做，这样才公平！

加入不好的团体

父母们总是担心他们青春期的孩子加入一群“坏”朋友，但是这真的不是他们决定的。你们青春期的孩子会选择自己想要交哪些朋友，除非你们每天跟着他们（但是我们不建议你们这样做），之后你们真的没办法阻止他们。你们唯一能做的就是确保如果有什么事情发生了，你们会在那里。我们中有个朋友的父母仍然不让她在其他人家里过夜，即使我们已经认识6年了！

总是觉得自己被遗忘了，总是有一些我听不懂的内部笑话，因为我不在那里。

——安诺，16岁

如果你们真的担心，当他们来的时候，问一些问题，尝试了解他们的朋友，但是确保听起来不像在审问，你们青春期的孩子不会因为你们吓到了他们的朋友而感谢你们。

如果你们觉得你们处于青春期的孩子酗酒，抽烟，变得越来越反抗，你们怀疑这是他朋友的错，不要急着下结论。有可能有个大朋友鼓励你们的孩子这样做，也有可能是你们的孩子自己想“经历”或者“打破界限”，或者仅仅发现有人这样做。你们没法把他们分开（即使你们这样做，也没有什么作用），相反你们要建立和你们处于青春期的孩子的关系。

同伴压力

当然，无论什么样的友谊，总会有同伴压力，尤其在尝试新的——

常常是被禁止的——事情时（更多关于同伴压力在抽烟、酗酒或者吸毒等方面如何影响你们处于青春期的孩子见第5章）。

在处理“坏”朋友团体的时候，所有的父母可以做的是鼓励他们的青春期孩子更自信，尤其在自己的意见和决定上。这有点自我安慰，但是你们要相信自己抚养孩子的方法，相信他们知道对错，当真的必要时，相信他们的直觉。

争吵

不幸的是，无论多么伟大的友情，也会有相反的一面：争吵。每个人在某些方面一定会和他们朋友争吵，常常是因为待在一起的时间太长。当你们是处于青春期的孩子的时候，一个很小的不赞同就会引发“第三次世界大战”，各占一方，互相咒骂。

我和我最好的朋友自从7岁开始就已经是朋友了，但是去年我们有巨大分歧（当然，因为一个男孩）。现在我们又是朋友了，但是回到原来的状态估计还要很久。

——克里斯汀，16岁

如果争吵很严重，父母需要学习如何有技巧地了解事情。当我们写这本书的时候，我们会因为各种小问题争吵，例如应该用哪个词，哪里加逗号，但是这并不意味着我们不喜欢对方了。每个人都会因为一些很蠢的事争吵，例如“你们拿我的包了？”或者“照你们这么说，你们觉得我胖了”。这些都是小问题，很容易解决，即使不是马上，在争吵结束后很快就会和好。但是当他们真的很心烦，问题就来了，你们要支持你们青春期的

孩子，即使只是拥抱倾听，如果他们真的是很好的朋友，他们经常会平息下来，但是如果事情没有任何好转，或者其他朋友站在另一面，这对你们青春期的孩子来说真的很难。

小贴士

不要害怕分享这些年你们和朋友的争吵经历。我们会发现尽管有争吵，你们还是成功地持续了这段友谊。

派系

我们说派系是因为在电影中派系好像是很大的问题（尤其在美国电影中，像《贱女孩》演的那样），但是以我们的经验来看，其实没有那么严重。大多数人交朋友，因为他们有相同的兴趣，因此没有那么明显的目标团体。很明显，这种情况是偶有发生，但是通常情况下，恃强凌弱常常针对的是个人，并不是他们在的那个团体。

一些处于青春期的孩子可能会不同意但是当我们写这本书的时候，问过了许多其他的处于青春期的孩子，他们都同意我们的观点，因此这没有人们想的那么严重。

恃强凌弱

我们清楚地让你们知道朋友对你们青春期的孩子来说是一切，但是如果有什么问题了会怎么样呢？争吵严重化，突然你们处于青春期的孩子被他的社会团体或者某人不知道什么原因不喜欢了。

侍强凌弱。有时你们希望从不会听到与你们青春期的孩子有关的这方面的事情。

但是非常不幸的是，恃强凌弱在每所学校里都会发生，在每个人身上都有可能发生，这在初中时的操场上会发生，它也会继续（甚至会更有害）发生在青春期。

小贴士

我们调查的32%的人，在他们的生活中，都曾有过被欺负的经历。

首先，我们可能要将青春期的孩子经历的恃强凌弱划分为不同的类型。我们知道这听起来很简单，但是，就像任何事一样，恃强凌弱随着时间不断发展，可能以不同的方式出现，这也就是说它很难被发现。

- 言语上的恃强凌弱可能是最普通的一种形式，它包括谩骂，讥笑，被威胁，还有所有让人难受的以伤害某人为目标的事。
- 然后是身体上的恃强凌弱。很明显，这包括某人被拳头打，殴打，或者扇巴掌等任何不想的身体接触。也包括个人物品被偷。
- 心理上的恃强凌弱意味着在团体中被排斥或者忽视，在你们背后散布谣言。但是这也能扩大到跟踪某人或者骚扰。
- 最后，网络恃强凌弱包括各种通过科技进行的恃强凌弱行为，例如通过短信、邮件或者网上匿名留言进行威胁。因为社交网络的使用变得越来越普遍。

你们怎么知道事情不对劲？

除非你们处于青春期的孩子坦白地告诉你们，否则父母很难发现他们有些不对劲。尽管你们不能确切地知道，但是会有一些征兆，这会给你们一个很好的理由和你们青春期的孩子聊天。这种恃强凌弱的行为更会发生在学校，因此你们青春期的孩子很有可能为避免去学校做许多事情，假装生病或者直接逃学。

小贴士

让人觉得庆幸的是，我们调查的85%的人说如果他们被欺负了，一定会向父母求救，他们父母也会倾听。6%的人说他们会直接去学校，要不向朋友寻求帮助。10%的人说他们会去其他地方。

我觉得不舒服

如果需要的话，我们会很有想象力，所以对于各种奇怪的病，你们一定要小心，尤其是你们的孩子不会那么经常生病。最普遍的是在早上，离开家去学校的时候，突然头痛或者肚子痛，如果你们说他们不能不去学校会让你们青春期的孩子觉得越来越糟糕，焦虑甚至生气。如果你们处于青春期的孩子因为生病而想待在家里不去学校，但是又死活不肯看医生或者吃药，那么一定有事。

我们知道的在青春期开始被欺负过的人都同意上述观点，也建议如果你们的孩子在学校常常去医务室，这意味着你们会经常接到接他们回去的电话。

我常常用这种办法。有些时候我只是没法面对。我觉得我妈妈应该知道原因，但是她总是善于假装忽视。这真的很有帮助。

——安诺，18岁

相反，如果你们觉得他们只是在早上假装出门但却逃课了，这很容易察觉到。大多数学校在网上都有让父母查看的上课记录和迟到记录——对于像露易丝这样早上经常迟到的学生来说很讨厌（啧，啧）！你们可以知道当你们觉得他们在学校的时候他们是否标记为缺席。另外，相比假装出去，你们的孩子可能编造需要补课。又一次，查查看网页或者给学校打电话，如果你们想要确定事情应该是怎么样。（详情请看第10章）

情绪化

被欺负能够影响一个青春期的孩子的情绪，但是这很难发现，尤其是他们已经是受荷尔蒙控制的青春期的孩子了。如果他们变得易怒，和你们或者兄弟姐妹聊天的时候常嚷嚷，应该可以察觉出来。这是由被欺负引发的压力。这也可能通过变得好斗表现出来。情绪变动很常见，进攻常常会被开心和笑声代替。例如，在大型家庭派对中，或者在朋友家里的时候，他们可能很合群，很开朗，但是一回到家，他们就变得很生气，言语尖锐。这是因为他们度过了很开心的时光，但是现在知道一切又必须回到平常，又会被欺负。除了变得更容易生气，一个被欺负的青春期孩子常常会更压抑，和家人的谈话和互动都会变少。如果他们变得更爱待在自己卧室，渐渐地看起来越来越不开心，没有像原来一样积极，这也是事情不对劲的暗示。

小贴士

被欺负是很有压力、很压抑的一段时期，所以注意你们处于青春期的孩子睡眠习惯是不是有变化。

我每晚会躺在床上想着可怕的学校，最后我病了。那真可怕。

——霍利，14岁

通常他们睡得更少，或者在半夜醒来，这样在白天，他们常常会很累，无精打采，即使没有进行什么消耗精力的事。

名声文化

在青春期这段时间有很多压力，外貌是欺负的一个目标，无论对女孩还是男孩。即使我们知道他们这样说可能只是因为他们对自己不满意，作为青春期的孩子（我们的自尊很脆弱），在体重和相貌上的评价确实很让人伤心。如果你们注意到你们青春期的孩子突然开始锻炼身体，抱怨他们的身材、头型或者整体形象，特别是这些原来都不是什么问题的时候，这意味着有什么事情发生了，或者有人找他们茬了。尝试在他们积极的个性和行为方面，多赞美他们。我们可能在你面前假装失望地转动眼睛，但是当我们心情低落的时候，你们的话真的会让我们重拾信心。

由于某些原因，当我们被欺负的时候，有时候会觉得不能让我们父母知道，所以发现这些征兆很重要。通常情况下，青春期的孩子这样做是因为他们很愧疚，不想接受自己是受害者。他们也担心父母们会干涉，把事情告诉老师，这有可能让他们被欺负得更厉害。当你被欺负的时候，你会不希望自己被注意到，所以如果他们说他们不希望你们告诉老师，这可能有违你们做父母的本能，但是请听从他们的，你们应该给他们点时间，至少最开始，不要违背他们的意愿。

曾经我把所有事情都告诉父母，但当我发现这会让他们很担心后，我就不再这样做了。 ——艾希莉，16岁

就个人来说，我们刚刚提到的可能不算什么。但是，如果你们察觉到了青春期孩子行为的一些改变，你们应该考虑他们是否受了欺负，或者在学校有什么问题。

你们也应该注意身体上的痕迹。如果你们处于青春期的孩子被打了，可能会有一些刮痕或者淤青，当你们问他们怎么回事的时候，他们完全不会解释，或者给一些很模糊的解释，例如把它归结到家里养的连鱼都懒得抓的猫头上，或者吃饭的碎屑上。如果这种事情某段时间常常发生，就需要引起注意了。

如果你们注意到你们青春期的孩子失去了他们的所有物，尤其是他们常常很在乎的东西，警钟应该拉响。同样，如果他们的钱比平常少了，或者跟你们要钱，但是你们不知道他们到底把钱花在哪里的时候。

有些比我大很多的男孩一直找我要我的午餐钱，因此我常常没钱

买自己的食物。我开始做三明治，因为觉得告诉爸爸妈妈让我觉得很尴尬。

——乔尼，15岁

他们的社交活动也值得注意一下，因为没有什么理由他们会讨厌这个。他们多久出去一次？在过去几个月里他们请朋友过来玩了几次？他们的朋友给他们打过多少电话叫他们出去？现在把这些和去年这个时候的情况做一下比较。如果变得很少，那一定发生什么事了。

你们能做什么？

你们不要急于下结论，这很重要，但是你们觉得你们的孩子有可能被欺负了，你们能做的首先是和他们谈一谈。不要坚持某一点，看起来好像审问一样，因为他们将会闭口不谈，不会告诉你们任何事。如果是小事——仅仅是一些让他们担心的小事——和你们谈谈，被告知事情会好起来的，这就足够了。

但是，也有可能是更大的事。尽管，他们没有直接告诉你们，如果你们坚持，他们最终一定会向你们吐露。保持冷静，不要对凡事下定论，这很重要，否则你们的孩子就不会谈这些事情了。当一个处于青春期的孩子被欺负了，他们可能并没有很多求助或者倾诉的对象，这就意味着告诉父母可能是他们的第一选择，所以请认真听，等他们说完。

对于父母来说，应该意识到对于他们来说很小、不怎么重要的事对于处于青春期的孩子来说可能是很严重的问题，这很重要。所以摒除那些让我们很生气的做法，那种方式甚至会让我们觉得即便自己的父母对自己都漠不关心。如果有什么疑问，问清楚发生了什么，但是不要问我们已经同你们说过的事情——这会让我们觉得你们没有认真听，即使你们确实在认真听。

我父母强烈支持“男子气一点”。他们会支持我，但是想要我自己面对。

——迈克尔，15岁

尝试分析出问题的根本：是什么让事情变成这样了？例如，团体中新成员可能会引起你们青春期的孩子被排除在外，被孤立。听起来很容易，但是你们一定要在三件事情上让他们安心。

1. 这不是他们的错。
2. 他们没有什么问题。
3. 他们不应该被这样对待。

尽管，理智上，你们青春期的孩子已经知道这些，但有时候他们确实需要听别人确定这些。

欺负者可能通过其他人的反应得到满足，所以告诉你们青春期的孩子不要在意这些，忽视这些事，不久他们可能就觉得没意思了。很老套，我们知道，但是这是真的。

幸运的是，如果你们的儿子或者女儿被欺负了，你们有很多方法来帮助他们。尽管你们处于青春期的孩子坚持不让你们插手，你们能做的最好的事情是给学校打电话，让他们知道发生的事情。大多数学校都有严格的反对欺负行为的措施，这些能够帮助你们的孩子。给学校打电话可能可以和孩子的班主任或者年级主任谈一谈，他们对于如何处理这个问题很有经验，和欺负者谈一谈，让他们面对他们所做的。

我们俩很不幸的都曾经被欺负过，我们的父母在解决这一问题上扮演了重要的角色。

当我被我的社交圈子排斥的时候，让我害怕的一件事是在课堂上和一个同学合作做必修课的报告，因为没有人愿意做我的伙伴。当我妈妈打电话给我的导师，询问发生了什么事时，导师让我和另外一个女孩在学校做了其他事，说那样就算我的报告了。

——安诺，16岁

父母的支持

尽管青春期的孩子喜欢独立，但如果被欺负了，他们将会比任何时候都需要你们的帮助。在精神上，你们应该支持你们的孩子，在家里也不要对他们那么严厉。另外，尝试在工作和社团中多鼓励他们，给他们多一点表扬，记住这在你们处于青春期的孩子生活中，是很困难的要点。

社团

另外一种相对简单但是很有效的办法就是鼓励你们青春期的孩子加入一些社团，或者课外活动。当露易丝在学校感到很痛苦时，最有益的一件事就是参加社团，这与学校没有任何关系。

社团很棒，当我不在学校时，和大家处的很好，一起聊天，一起大笑。它也给我更多自信。

——露易丝

小贴士

所有这些都可以和你们处于青春期的孩子谈一谈，和你们一起以最好的方式帮助他们。

网络欺负的兴起

新兴技术是青春期的孩子喜欢的东西，但是有点太多了。结果导致在过去几年，网络欺负变得很普遍，这种情况很令人担心。如果你们处于青春期的孩子告诉你们他们收到令人讨厌的邮件或者在网上被威胁，你们首先应该做的事是向网络提供者报告。例如，在“脸谱”（Facebook）上，任何侮辱都很容易报告。检查你们青春期的孩子是否选择了正确的个人设置：阻止任何让他们觉得不舒服或者消极的人。不要删除这些消息，相反把它们打印出来作为证据保留着。网络欺负行为被认为是一种犯罪，所以你们需要把这些报告给学校或者警方。（详情见第9章）

我收到的信息很有害，我只是不知道我做了什么，他们这样说我。最后它变得更糟，我开始自我伤害。 ——安诺，14岁

网络欺负行为不仅仅发生在网上，也可以通过手机，例如辱骂性的短信，电话或者无声电话等。在这种情况下直接可以做的是为你们青春期的孩子办一张新的SIM卡，并且告诉他们只把电话号码告诉他们真正信任的人。SIM卡不贵，新办一张意味着欺负者不能给你们青春期的孩子打电话或

者发短信了。手机公司能够查出电话或者短信来自哪里，让你们知道谁在做这种事情。为了解决这一问题，所有相关信息都可以告诉学校或者警局。

最终我们把事情告诉了警察。我真不想这样做，因为我怕被报复，但是妈妈坚持要这样做，让我高兴的是，事情终于停止了。

——安诺，13岁

咨询

如果你们青春期的孩子长时间被严重欺负，你们需要考虑的是带他们去咨询一下，因为严重的欺负有时会导致压抑。咨询能让你们处于青春期的孩子和专业人员谈谈他们的问题，他们在处理被欺负的青春期的孩子方面很有经验，会帮助他们更自信，更坚定。除了专业的咨询员，学校也有护士可以和他们交谈，帮助他们找出解决方案。网上也有很不错的资源，由打击欺负行为（www.cybermentors.org.uk）慈善机构建立，这里一些年轻人可以做其他年轻人的精神导师。这是一个人们觉得谈论自己经历非常安全的网络（如果他们觉得和父母或者学校交谈会让人很担心的话）。如果你们需要更多这方面的消息，可以读一读Pamela Whitby的*White Ladder*《白色的梯子》也叫*You Child Safe Online*?《孩子安全上网?》

如果你们青春期的孩子是欺负者怎么办?

作为卷入欺负行为的青春期的孩子的父母，可能会遇见两种情况。有时候，可能你们的孩子是欺负者，尽管这个很难发现，除非学校联系你们让你们知道此事。尝试关注你们青春期的孩子的行为：他们是否身体或者言语上有充满暴力、好斗或者充满敌意？其他的征兆有：你们青春期的孩子是否有优越感，觉得自己掌有主动权，缺乏对他人的同情和关怀。

最近关于网络欺负行为原因的调查结果发现，处于青春期的孩子们没有那么好。

- 81%的人认为这很有趣。
- 64%的人不喜欢这些人。
- 45%的人认为受欺负的人是失败者。
- 59%的人认为这不是什么大问题。
- 47%的人认为这没有什么实际影响。
- 45%的人认为他们不会参与。

主要的问题是青春期的孩子们认为这不是什么大问题。这样他们很容易参与进来，那样做但是不考虑这对其他人的影响。（除非发生在你们身上）

作为父母，你们要确保自己和他们反复强调了欺负行为对双方造成的影响。尝试找出他们这样做的根本原因也是非常重要的：有可能在家里压力过大引发他们有很多郁积的愤怒，或者他们被兄弟姐妹过分取笑，或者他们生活中有一些人非常好斗。

尤其对男孩子来说，检查他们玩什么电子游戏，因为这些有可能让他们觉得这很正常，甚至鼓励他们这样做。无论怎样，需要对他们进行惩罚，让他们意识到他们所做的事是错误的，取消他们的特权，例如外出或者上网。（尤其是社交网络）

看看自己是怎么教育孩子的这也很重要。太严厉或者太宽容都会引发青春期的孩子欺负行为的倾向。另外，和他们所在学校联合起来，这样就可以阻止这种行为了。

阻止欺负行为的步骤

1. 不要审问他们，而要坐下来，慢慢和他们说。
2. 支持他们，安慰他们。
3. 如果他们愿意，你们再给学校打电话。
4. 在给你们青春期的孩子关于欺负行为建议的时候，先浏览一下相关网页。
5. 建议咨询作为最后的解决方式，但是如果需要的时候不要害怕，尝试一下。

无论你们青春期的孩子以哪种方式卷入欺负行为中，无论如何你们要记住，你们青春期的孩子一定会度过这段时间，会成长为更坚强的人。汤姆·克鲁斯，巴拉克·奥巴马，还有女神嘎嘎，在学校都曾被欺负过——事实上，这可能促使他们成功。

小贴士

不要认为这就是青春期孩子自己的事情，会自己解决。如果你们发现了，证明这已经持续一段时间了。把它当作一件严肃的事情处理。

欺负行为是充满诡计的行为，因为它会以不同的形式出现，青春期的孩子们会以不同的形式被影响。庆幸的是，我们上面所说的有很大帮助。

Teenagers Explained

Chapter 5

处于青春期的孩子社交生活的高潮和低谷

现在，来点有趣的。

青春期孩子的社交生活对他们来说就是全部。

在前面章节我们不停地谈论我们应该彼此坦诚，但是接下来我们会谈谈父母和青春期的孩子会发现彼此沟通很难。尽管青春期的孩子不想让你们直接卷入他们的社交生活，你们还是想要知道他们在做些什么，从饮酒、抽烟到吸毒……父母们，你们一定要振作！

饮酒

可能当你们拿起这本书的时候，你们会直接翻到这一章——我们知道这让父母很担心。真相是，青春期的孩子们确实喝酒，特别在现在认为喝酒很酷的社会背景中。另外，我们许多人实际上都不能很好地应付酒精。但是就想要看起来酷一点（这一点是家长必须知道的），饮酒同样也很有趣。

青春期的孩子喝酒的主要原因包括同伴压力，无聊，或者仅仅因为我们想要喝（这是成长的一部分，对吧？）。大部分青春期的孩子是在14岁的派对上开始饮酒的，他们的朋友会给他们压力，声称这是大家都做的事。因此，如果他们不想让人觉得奇怪，就一定会喝酒，即使只是一点点，因为朋友们都在喝，他们不想让他们失望，或者成为不合群的那个人。

我有次在派对上喝得烂醉如泥，用最高音唱阿黛尔的歌——太丢脸了！

——加布里埃尔，16岁

每个人和他们朋友会有不同的关系，有些人从不碰酒精，有些人一直喝酒。如果你们青春期的孩子属于后者，并不意味着他们会喝很多酒——而是他们朋友会这样做（尽管，因为同伴压力，他们很可能会喝酒以融入集体）。但是，他们也有可能喝得过多，甚至鼓励别人饮酒。记住，就像你们不可能知道你们青春期的孩子所有事情一样，同样的情况也适用于他们的朋友。尽管你们青春期孩子的朋友看起来彬彬有礼，但有可能其实他们没有那么“无辜”。毕竟，你们看到他们的样子是老师和父母看到的样子，并没有看到他们睡觉时、在派对时，或者他们在外面时的样子。（关于友谊和同伴压力请看第4章）

在我的朋友圈里，有各种各样的人。有些人喝很多酒，常常喝醉，有些人只喝一点，还有一些干脆不喝。我觉得这很好，没有人会觉得有压力。

——爱丽丝，16岁

但是你们能做些什么呢?

如果你们知道你们青春期的孩子和你们不信任或者不喜欢的人交往，花点时间坐下来和他们聊一聊。试图让他们明白，不要因为同伴压力而被迫去做某件事情，如果真的是朋友，他们会听取建议。也和他们聊聊酒精，但是不要用任何说教的口气，否则他们不会听你们的，因为他们“在学校早就听过了”。相信我们：我们曾经在我们的妈妈们身上用过这个办法，很有效。把它当作一个讨论，听听他们自己的意见，同样也表达你们的观点，即使你们不怎么喜欢。这是了解你们青春期孩子想法的好办法，而不是胡乱猜测，最终一定失败。我们无法保证你们青春期的孩子一定会听取你们的意见，但是你们可以给他们许多支持让他们在同伴压力中坚持住。

青春期的孩子没有很多事情要做，所以在派对上他们喝酒会让他们觉得不那么无聊，尽管大部分父母不知道这个情况。从我们做的调查问卷来看，60%的人认为他们的父母不知道他们到底喝了多少酒，但是100%知道他们一定喝酒了。这些数据表明父母对于我们喝了多少是多么不了解。当然，饮酒直到13岁以后才会开始。酒一般在派对上出现的时候是在14岁或者15岁，这时我们已经觉得自己很大了，但是你们觉得还太小（这距离你们那么大的时候太远了！）。

我们觉得父母对于我们喝什么酒有点迷惑。当然不是波普饮料（注：一种混合果汁酒）。那么我们喝什么呢？答案很简单：任何可以喝的。常常是那些不贵，很容易找到的，但是我们会找有最大作用的那种。处于青春期的孩子们想要喝醉，因此便宜又很烈的酒就是主要的标准。

我朋友的妈妈经常会给我们每人买两瓶百加得冰锐（注：一种朗姆酒）。但是我们更喜欢免费赠品，我们刚开始会喝这些酒，然后喝很棒的伏特加（注：比较烈）。

——露西，19岁

不幸的是，没有什么好办法来监管你们青春期的孩子喝了多少酒，除非你们一直跟着他们，这会让人觉得更奇怪。这样你们不得不相信他们告诉你们的是真的，即使不全是。作为父母，你们所能做的就是为你们处于青春期的孩子饮酒做准备，和他们聊聊这个问题，让他们知道酒精的所有副作用。

你们怎样帮他们？

和他们做一个成年人之间的交谈，向他们表达你们的信任和支持，不要威胁或者指责——这样会让他们拒绝你们交谈此事——尽可能保持一个开放的态度。

- 不要问他们是否曾做过这个或者那个。即使他们曾经做过，他们也不可能告诉你们，而这只会让他们变得更抗拒。相反，和他们说一些事实，尝试把他们与现实生活联系起来。例如，如果你们谈的是短期影响，举一个发生在他们知道的某人身上的例子。
- 不要把喝醉酒和积极的或者让他们开心的事情联系起来，因为这会让饮酒看起来很酷。露易丝的妈妈曾犯了这个错误，无论做什么都没能让她忘记。另一方面，让他们知道你们是人而不是机器人父母，这没有什么伤害。但是一定要小心，因为这可能会让你们之后很难教育他们。
- 很明显，要告诉他们一定不要饮酒之后开车。更重要的时候，在他们小的时候，就确保他们知道一定不要乘坐醉酒驾驶员的车。即使他们自己说没事。我们知道有个男孩，醉酒后开车回家，结果撞到了主路的错误的一边；另外我们的两个朋友坐了醉酒驾驶的车里（他们自己都没有意识到），他们被吓坏了。确保你们和你们青春期的孩子明确说过此事，这不值得冒险。

- 确保他们知道自己的极限。最好当他们到了适当的年龄（尽管这个年龄很有争议），在家就先试一试，这样他们处于安全的环境中。以这种方式上他们开始接触酒精，因为你们在旁边，你们可以保证他们不会太醉，也不会做一些很愚蠢的事，这些事他们如果在派对中做的话会让他们后悔的。

除此之外，保持冷静，不要冲他们大声嚷嚷，即使你们都想取缔酒精产业，掐死你们青春期的孩子！因为我们已经一遍又一遍地说过，如果你们处于青春期的孩子觉得他们被审问时，他们就不会听话了。

酗酒

青春期孩子的饮酒问题可能是父母最担心的事情。我们也承认，这确实值得关注。作为青春期的孩子，我们对酒精的态度一般是“尝一尝”——大多数情况下，我们都不怎么真正喜欢这味道。然而想想你们处于青春期的孩子喝太多酒精，真是一件可怕的事。通常情况下，他们从自己的错误中学习会很快。如果他们喝得太太太多，并且在自己在意的人面前丢脸的话，他们会注意不要再喝那么多。让你们处于青春期的孩子从酗酒中学习听起来很吸引人，但是记住尴尬是一种更好的威慑。

有一次我喝醉了，一晚上都和一盏灯说话，最后滚到了桌子下面。

——达敏，18岁

有次我喝多了，然后和一个我知道的最丑的男孩有牵连。从此以后，我再也不喝多了。

——安诺，17岁

有次我喝醉了，都没法回家，所以朋友带我回到她父母那里，但是我全身上下都很难受，甚至头发都不舒服，当我早上醒来的时候一点都想不起来发生了什么。幸亏以后再也没有发生过类似事情了。

——蕾切尔，19岁

我们本来打算提供一些从调查中得出的关于青春期孩子曾喝醉的比例的数据，但是我们觉得没有什么意义，差不多每个人至少都喝醉过一次，我们觉得这是以证明上述观点。

以你们为榜样

有很多关于是否父母在家喝酒，并且允许他们青春期的孩子在父母监督下喝酒，能增加或者减少青春期的孩子酗酒的可能性这一问题的讨论。

我们觉得如果父母把酒精当作某种可以接受的东西来介绍，青春期的孩子对于酗酒的好奇心会减少。如果酒精不再让人觉得兴奋或者危险，你们青春期的孩子喝多的可能性会减少，因为喝酒的一个主要因素是这代表了反抗，大多数父母都不喜欢。（我许多朋友都赞同这一点）

另外，如果你们在家第一次尝试喝酒，你们能在一个安全的环境中测量一下自己的酒量。

但是至少一夜的酗酒是不可避免的。事情偶尔会变得非常严重。我们知道有人在他15岁的时候喝得很醉，最后去了医院，胃都肿了。他活下来了，但以后再也没有喝那么多。

真让人害怕。

吸烟

当然，处于青春期的孩子们不仅仅会尝试喝酒，还会吸烟。许多人从青春期开始吸烟，一生都没戒。

如果你们青春期的孩子吸烟，你们需要把我们在饮酒方面的建议应用于此——和他们聊聊——但是最终你们要相信他们，并理解他们不会把什么事都告诉你们。

在我11岁的时候吸了第一根烟。我和朋友觉得我们很小心了，但是我妈妈察觉到（或者闻到了）有什么东西烧了，然后在我的口袋里发现了几根火柴。她站在我面前，我有点崩溃。之后我会吸一点，但是没有上瘾。 ——詹姆斯，19岁

我常常和其他女孩在学校厕所里面吸烟，但是在家里我从来不吸，所以我觉得我妈妈不知道。 ——切利，14岁

幸运的是，吸烟很容易被发现，因为你们青春期孩子的衣服会有味道。但是，不要立刻发疯，可能他们只是试了一下，但是讨厌它的味道，之后就再也不想吸了。

但是如果你们发现了烟盒，或者发现吸烟的其他副作用，或者你们很确定他们现在吸烟，这时，你们应该坐下来和他们诚恳地就吸烟和他们不能吸烟的原因等问题谈一谈。

我妈妈是医生，所以她往家里带了特别特别明显的患有肺癌患者

的照片，并和我谈了一下可能发生的事。我确实听了，但是这没有阻止我吸烟。

——汤姆，17岁

许多青春期的孩子都尝试吸烟，但是只有当他们固定地吸时，才是问题。你们真的没有办法强迫他们不要吸烟，尤其是家里还有其他人吸的时候。露易丝的一个朋友在她14岁的时候开始吸烟，现在她19岁了依然在吸。她的父母都吸烟，这就意味着一旦她开始吸烟，他们没法让她不吸（因为这不公平）。

你们可以尝试给他们提供一些不吸烟的动机，例如奖励，但是你们要确保他们真的戒掉了，不会在他们得到他们想要的东西之后重新开始。告诉他们“你们现在必须戒掉。如果你们一个月没有吸，我们给你们20英镑（无论多少），但是如果你们又开始吸了，我们将会拿回这20英镑，并且会强制压迫你们。”这就意味着，一旦他们同意了，他们就会做到。

“社交吸烟”在青春期的孩子中很普遍，不值得担心。在我们看来，这样做的青春期的孩子不可能上瘾，因为有机会他们只是试试而已。这可能是轻率的，但是在派对中我们的朋友都会吸一两根，然后一周都不会再吸。

如果你们青春期的孩子只是偶尔吸一根，你们不需要失控，因为你们这样做只会让他们更想吸烟。但是我们也意识到这可能是习惯性吸烟的开始……

只有在派对中我才会吸烟，如果有的话；喝酒也是一样。我也不是吸烟者也不是酒鬼。

——尼克尔，17岁

只有和朋友在一起的时候我才吸烟，借别人的光，但是现在我猜你们可能会说我上瘾了，每天都会买，这需要花一大笔钱。

——汤姆，17岁

我一喝酒就想吸烟。 ——厄兹莱姆，16岁

吸毒

既然我们已经说了喝酒和吸烟，下面我们只剩下父母最害怕的：毒品。

不幸的是，现在毒品在青年人的生活中变得越来越普遍，你们青春期的孩子可能在他们青春期结束之前就接触到。无论你们如何避免他们和毒品扯上关系，在生活中他们总是会遇到。露易丝记得她的一个朋友和她说“你还没有试过毒品吗？”

为什么吸毒？

好奇心和“试验”

就像酒精和香烟一样，吸毒对于青春期的孩子来说也是一种庆祝仪式。你们听说这种神奇的快感，许多青春期的孩子想自己体验一下有多神奇。尽管你们意识到了危险，却很容易把它抛之脑后，和你们的朋友“试验一下”。

谁不吸毒？ ——贾思敏，18岁

同伴压力

这也与你们认识的人有关。如果你们有一些朋友会吸毒甚至上瘾，你们最终也很有可能会这样做。就想我们前面说的，当选择他们青春期孩子的朋友（见第4章）时父母通常毫无办法，但是这应该被重视。青春期的孩子讨厌被排斥的感觉，有时吸毒是在朋友很温和的诱导下开始的。

忽视

也有一些处于青春期的孩子纯粹因为被忽视而吸毒。一部分原因可能是他们不知道吸毒的副作用，但是他们也没有意识到他们事实上真会上瘾。青春期的孩子是有免疫力的，你们不知道吗？一件事理论上是一回事，但是意识到它会如何影响你们是另一回事。处于青春期的孩子常常觉得自己比其他人更强壮（即使他们是世界上最无用的人）。

我觉得老师们夸大了毒品的副作用，只是想要吓我们。我朋友在派对上会嗑药，但是他总是没事。（除了第二天会比较粗野一些）

——克雷格，16岁

无聊

作为一个青春期的孩子，很让人沮丧的一件事是我们无事可做。我们不能出去俱乐部（好吧，这不合法），当我们到了一定年龄的时候，保龄球和电影院也不会让我们感兴趣了。

许多人最后就开始家庭派对（见下文），一旦你们坐下来（想要开始派对的时候），有人开始说“要不要来点酒？”，接着会问“来点毒品怎么样？”

有些父母觉得处于青春期的孩子把喝酒、吸毒归结于无所事事是站不住脚的，但是这是事实。

这种未成年的狂野派对我参加过几次，很没意思。不能喝酒吸毒，保镖很严厉，所以它很乏味，但是我也有过很疯狂的经历。在那里音乐很狂野，气氛很棒。——克里斯，15岁

你们能做什么

作为父母，你们对毒品毫无办法。对于刚上瘾的人来说，你们能做的最好的事就是找出你们的孩子得到的是哪种毒品，因为这样你们就知道怎样帮助他们。

针对大麻

对于处于青春期的孩子来说，最常见的毒品就是大麻（也叫莳萝草）。在我们朋友中，有30%的人曾试过，尽管他们大部分都没有上瘾。

在我们年级很多男孩都卖大麻，所以真的很容易得到。我们有规律性的组织，所以我知道我不会被宰。——本，16岁

我们理解知道孩子吸大麻对作为父母的你们来说是一件很可怕的事，

就像饮酒和吸烟一样，你们真正可以做的事就是让他们知道毒品的危险。

青春期的孩子很固执，如果我们想要尝试什么东西的时候，我们一定会！大部分情况下就是一次而已，很少会上瘾。

我在一次派对上第一次吸大麻，还是在一个男孩面前！我好像患有妄想狂的人一样，像一个疯子。后来我又试了一次，这让我不停的穿过马路，因为我急切地想回家。我真的没有觉得这是我。

——蕾切尔，16岁

更重要的是，如果你们继续这样做，一些青春期的孩子只会变得更加坚定地要去试一试。

关于超劲大麻的注意事项

作为父母，你们可能觉得大麻就是大麻，我们知道许多青春期的孩子也是这样认为的，但是实际上有不同类型的大麻：超劲大麻，毒品hash，还有大麻。

超劲大麻是最厉害的，现在大部分青春期的孩子都吸这个。问题是（除了它不合法外）它的副作用很大。许多处于青春期的孩子可能不知道它会引起精神病和杂语症，所以父母可以把这作为吓唬手段。

尽管大麻被认为是“轻度的”毒品，我们在网上读到的文章表明（特别是超劲大麻）它的影响可能和其他更厉害的毒品一样。如果你们想阻止你们处于青春期的孩子，尝试告诉他们副作用：

- 妄想症
- 抑郁症

- 缺乏个人卫生

在网上还有很多例子，用谷歌搜索一下“超劲大麻的影响”。

大麻上瘾

许多毒品都很容易上瘾，但是对于大麻是否上瘾有很多争议，这也可能是为什么会有许多青春期的孩子吸大麻而不担心。我们知道很多人坚持认为大麻不会上瘾，他们只是玩玩。

对于某些青春期的孩子来说可能是这样（像喝酒一样，许多人喝酒但是没有成为酗酒者），对于其他人来说大麻会是最容易上瘾，最有害的。

我15岁的时候男朋友每晚都吸大麻，之后开始逃课，然后开始玩电脑游戏，几乎无时无刻不兴奋。——凯蒂，19岁

如果你们青春期的孩子偶尔会吸大麻你们没法做什么，但是如果他们上瘾了，你们一定要阻止。

可能很难看出你们青春期的孩子是否吸过量的大麻或者超劲大麻（他们肯定不会自己主动承认），但是一定会有暗示的。大麻男孩吸的比较多（尽管我们知道有些女孩也吸），所以家里有青春期的男孩父母们一定要注意：

- 钱或者物品丢失
- 秘密的行动
- 不让你们进他们卧室（如果原来他们让你们进）

- 对他们原来感兴趣的东西失去了兴趣
- 向你们借钱，如果你们拒绝会很生气

合法替代物

水烟已经很普遍了，尤其在派对上，许多青春期的孩子开始这样做。如果你们去卡姆登（美国港口城市），你们会发现有各种水烟咖啡，处于青春期的孩子都可以吸（有一些甚至都不需要身份证）。

水烟实际上并不是毒品，而是一种水果烟草（对那些不知道的人解释一下），所以父母不需要太担心。对于青春期的孩子来说，可以作为大麻的一种替代物，这就是我们为什么把它放到毒品这部分来讲，在家你们可以在水烟中加一些毒品（但是大部分青春期的孩子没有自己的烟斗）。

更厉害的东西

一些处于青春期的孩子会尝试一些更厉害的毒品，例如可卡因，迷幻药还有甲氧麻黄酮（被称作“喵喵”），这种毒品越来越受欢迎。与大麻相比，尝试这些的青春期的孩子更少，一部分是因为价格，还有一部分是因为没有那么容易得到。

我不知道有谁吸比大麻还厉害的毒品——《皮囊》（英国电视剧）并不是对青春期的孩子生活的真实描述。

——克里斯汀，15岁

如果你们青春期的孩子吸很厉害的毒品，这就非常严重了，因为它很容易从一种习惯变得上瘾。

这些毒品的副作用和大麻（上瘾表现相同）很相似，所以，又一次，父母需要找到一些征兆，给他们提供帮助，以实际行动来反抗上瘾。

青春期的孩子和毒品的概述现在就差不多了（网上有更多信息），但是事实上怎么样和你们处于青春期的孩子开始谈论这个问题呢？我们没法确定聊一聊毒品一定会成功，但是值得一试。

和你们处于青春期的孩子谈谈毒品

如果你们处于青春期的孩子问你们任何问题（我们知道这很稀奇），请诚实回答，谈一些你们的观点，但是要意识到不要太绝对。

不要在毒品方面教育你们青春期的孩子——我们在学校已经接受很多了，听过很多相关演讲，听了很多关于毒品如何毁掉一个人的生活的故事。很多青春期的孩子不会从父母那里获得这些信息，而是会寻找其他方式，这很正常。

当你们开始和你们处于青春期的孩子讨论关于毒品的问题时，我们在这为你们提供一些有用的提示。

- 确保你们已经研究并学习了所有最新的信息，无论你们觉得自己如何年轻或者“最了解小孩”，毒品世界一直在变化，总是有最新流行的毒品（“喵喵”，我们前面有提到）。这样，当他们问问题的时候，你们就准备好了。（www.talktofrank.com这个网址可以帮你们学习很多相关信息）
- 告诉你们处于青春期的孩子他可以问任何他们想问的问题——并且做到！如果他们问了一些你们没有想到的问题，不要厉声斥责他们，这个时候应该提供信息而不是判断他们的行为。

- 不要分享任何你们吸毒时的积极经验，给你们的孩子做榜样。在某种程度上，这只会给他们提供一些日后用来反抗你们的信息。青春期的孩子很精明——你们说我们能做的是睡觉！另外，你们可能会觉得惊讶，父母常常是我们的榜样，我们也没有意识到。一些青春期的孩子发现你们曾吸毒可能会失望，这会改变他们对你们的看法，从此降低他们对你们的尊敬。你们青春期的孩子不会从你们的错误中学习，他们希望从自己的错误中学习。但是如果你们自己或者认识的人有关于吸毒的任何消极的经验或者故事，现在是诉说的好机会。即使说它们如何破坏了你们的头发和皮肤也会让许多女孩子放弃吸毒。你们青春期的孩子会听，这可能会阻止他们在将来犯和你们一样的错误。这会是好事。

尽管这章可能对父母来说有点可怕，但是我们发现很令人欣慰的数据是：在年龄为16~24岁的青年人中，吸食不合法毒品的比例有很大下降，从1996年的29%下降到2010/2011年8月为止的20%。

根据我们的经验，我们同意这一数据。事实是你们青春期的孩子可能尝试过毒品，但是可能只是一些大麻。许多青春期的孩子尝试毒品，但并没有上瘾，父母对这保持乐观很重要。

派对

参加派对

你们青春期的孩子在他们卧室（好吧，当然不会在你们在楼下看《东区人》的时候）不会喝醉，吸烟，嗑药，但是这三种“魔鬼”在他们去参加派对时可能出现。

“你们去哪里？”“你们什么时候回来？”“会喝酒吗？”“和男孩/女孩一块去？”——这些问题是父母在允许他们的青春期孩子出去参加派对时一定会一遍又一遍问的。

父母常常会问，因为某些原因，他们常常希望得到诚实的回答，但是你们在和我们开玩笑，对吧？我们知道你们希望我们怎么回答，所以即使我们不得不撒谎，我们就这样回答你们了。你们青春期的孩子可能已经听了很多遍这种话了，所以现在都几乎是一种自动的回答了，并且他们知道如果他们没有给你们想要的答案，他们一定去不成。这就是为什么交流并和他们建立一种相互信任的关系是很重要的，这种关系让他们觉得你们也会尊重他们和他们的决定；这样他们就更愿意诚实地告诉你们要去哪里。

为了证明这点，举个例子：露易丝和她的朋友参加很多派对，朋友们许多都住在伦敦中心地区，即使她更愿意告诉她妈妈她究竟在哪里，她知道如果这样说了她一定就去不成了。相反，和她妈妈说她去附近一个朋友家里，这会更容易一些，她妈妈会相信她（好吧，可能看了这本书就不会了！）

别问了……

我们有一些建议觉得在处理青春期的孩子及外出的情况下很有用。和你们青春期的孩子达成协议，要求他们必须告诉你们以下三个关键的事情：

1. 他们要去哪里
2. 他们和谁一起去
3. 他们什么时候会回来

但是你们也必须坚持原则：只问这些。不要再加100个问题轰炸你们的孩子，即使你们不那么确定他们的回答。这样你们给予他们一些私有空间，向他们表示相信他们的判断。最重要的是，他们因此会有勇气和你们说实话，告诉你们到底去哪里了。

你们必须要记住，如果我们觉得你们会用百万个问题轰炸我们，我们将会对去的地方撒谎（至少歪曲事实），即使我们并没有做任何不对的事。

当我哥哥出了自行车事故，医院打电话和我妈妈说他遭遇了事故时，妈妈回答到“不，我儿子在楼上他的卧室里。”她从不会知道我们到底在哪里。

——帕特里克，16岁

用一大堆的问题轰炸你们青春期的孩子意味着他们之后将不会和你们说关于派对的事，在派对中发生了什么也不会诚实地告诉你们，除了说一些他们不应该说的事。如果，不是审问他们，而是尝试信任他们，相信他们将会做正确的决定，这样他们可能会选择告诉你们发生的事情。这样，如果有什么发生过的事情让你们担心，你们可以和他们谈一谈，因为他们将会在第一时间发现问题。我们知道说比做要容易，但是你们必须为你们青春期的孩子考虑一下。你们相信他们的判断，相信你们已经教给他们无论什么事情发生都可以很好处理的技能了吗？希望答案是肯定的。

我妈妈有时候在派对中会让我给她发短信，来确定我是否没事。这很烦人，但是我知道他们让我这样做的原因，所以我照做了。

——萨拉，16岁

但是，如果你们仍然觉得有必要关注他们，可以按下面所说的做。

- 为了让自己更清醒一些，和你们青春期的孩子规定一个时间，在这个时候他们必须和你们交流一下，无论在派对中还是结束后。现实一点的话，期望他们在派对中给你们打电话是不可能的，但是给你们发一条短信告诉你们他们没事，这只会花他们10秒钟的时间，所以他们没有理由说不。
- 对于青春期的孩子来说，你们可以打电话给举办派对的父母，确保他们知道现在的情况，看看是否有喝酒。没有哪个举办派对的父母在你们打电话询问的时候会发火，因为他们某一天可能也会这样做。
- 接你们青春期的孩子回家是不错的主意，因为这样你们会知道他们安全到家（也给了你们一个在发生地点询问的机会）。确定你们遵守了和他们约定的时间，如果你们因为想回家睡觉而早一个小时去接他们不是什么好主意。要记住一定不要进派对，相反在外面等他们，给他们打电话。进去接他们，让他们好像8岁的小孩子，这样回家的时候车里的气氛一定不怎么好。我们说“气氛”，指的是吵架大战的空间。一旦他们大了，让他们乘公共交通工具回家是可以的，但是如果你们担心，让他们不时地和你们联系一下。我们一个17岁的朋友，他去曼彻斯特参加派对，但是第二天醒来发现自己躺在利兹的一条人行道上。虽然这并不常见，但是，你们一定不想这发生在你们的孩子身上。

如果他们没有和你们达成任何协议，那么你们有权阻止他们参加任何派对。尽管他们会抱怨，但是他们知道你们有理。这时候你们一定要保持强硬，不能屈服，否则他们会觉得你们是容易控制的人，下次就不会遵守他们原来约定的事。

宵禁

到你们青春期的孩子被允许外出时，宵禁是一种有效的监管方式。确定你们规定了一个可行的时间，要不然他们将会打破规定。这取决于他们的年龄和要去的地方，且如果你们能接他们回家，他们可以比乘坐公共交通工具回家的时间晚。每个处于青春期的孩子都是不一样的，所以宵禁的时间应该取决于你们以及你们孩子责任感的大小——对我们双方来说都是如此。例如，如果派对在凌晨1点结束，告诉他们，你们可以去接他们，他们也可以自己回来，但是如果自己回家的话，必须在午夜之前到家。

我的宵禁时间是午夜，我觉得正好。但是如果我晚回1分钟的话，我都会失去这种特权，我觉得这很公平，因为这是一个很合理的时间。

—卡勒姆，16岁

我“应该”晚上10点回家，但是我那个时候从没有回来过。真的，我又不是一个小孩子。

——克里斯，15岁

男孩比女孩的宵禁时间通常会晚一些，在某种程度上我理解，但是我弟弟被允许和我外出的时间一样，这让我觉得很不舒服。

——莎拉，17岁

宵禁也可以用作一种惩罚方式，所以如果你们让他们参加派对，凌晨1点要回来，但是他们做了一些不该做的事时，你们可以让他们晚上11点必须回家。你们不一定是他们最喜欢的人，但是相对较晚的宵禁时间应该是青春期的孩子的权利。让他们在外面可以待得晚一点，表明你们的信任

（我们很感谢），所以如果他们破坏了这份信任，你们有理由强迫他们早点回家。

小贴士

和有相同年龄的处于青春期的孩子的父母聊一聊，看看他们的宵禁是什么时候。有些实际很严格的父母自己觉得很仁慈（也有相反的情况）。

一般情况下，我妈妈让我在晚上12点之前回家（这样在她睡觉之前，她能知道我的情况），但是因为我不怎么和爸爸交谈，当我妈妈不在时，我常常凌晨2点才回来。——露易丝

举办派对

这会吓着很多父母，这很容易理解，天知道会有多少青春期的孩子在你们的房子里乱跑。但是在“脸谱”上说的成千上百的青春期的孩子出现在你们家里，把你们的房子弄得一团糟的情况很少见（举办派对的人真的很傻）。事实上，有可能举行派对但不毁坏房子——我们觉得是这样子的。

当决定是否允许你们青春期的孩子举行派对时，有些问题你们需要考虑一下。考虑一下房子的大小：只能容纳10个人的房子，邀请100个人实在没有什么意义。如果你们青春期的孩子计划举办一个大型的派对，最好租一个会堂。这会最大化地减少大部分青春期的孩子的破坏，尤其是那些行

为很糟或者很笨拙的人。

上次在家里举办派对的时候，尽管我们只有10个人，最后我的眼镜到了回收箱里，食物满屋子都是，我的父母都没法睡觉。之后，我妈妈再也不让我在家里举办派对了。 ——梅根

当我在家举行派对的时候，露易丝——对，本书的作者之一——在沙发上跳舞，最后它被跳成两半。我父母明显很不高兴，我们不得不买新的沙发。再也不能举办派对了。 ——莎娜，16岁

在一次家庭派对上，因为我们在花园和房子中走来走去，即使我们尽量让房子看起来整洁一点，最后地板上还是有很多泥巴。我一个喝醉酒的朋友开始抱怨说她妈妈怎样让她吃泥土，然后她随便找了个男孩，给了他一盘泥和刷子，让他把它弄干净。 ——萨拉，16岁

我们这里列出一些如何举办派对的建议。

1. 规则。在举办派对之前，确保你们处于青春期的孩子知道你们的基本规则，如果他们违反了任何一条，以后都不准再举办了。其中一条规则是邻居可以抱怨两次，这样你们处于青春期的孩子会很小心，尤其在噪音方面。

2. 噪音。考虑一下派对对于你们的邻居来说会是多大的灾难，音乐会多吵。如果天气不错（就像英国那样好），你们有一个挺大的花园，那么派对最好在外面举行。在她18岁以前，露易丝的朋友在周围邻居的门上留了一个字条，提前告诉他们当天晚上可能会有一些打扰，敬请谅解。

3．客人名单。知道谁都会来参加派对。他们是可信的朋友吗？还是以疯野而出名的人？如果你们原来没有见过他们，这可能很难回答，这样你们就必须相信你们青春期孩子的判断，然后在派对结束之后再决定下次会不会让他们来参加。如果从先前和你们青春期孩子的谈话中了解到他们的盛名，你们一定要多关注一下他们，如果允许喝酒的话，限制他们喝酒。不要阻止你们青春期的孩子邀请他们任何一位朋友参加派对，除非你们有很好的理由（例如，上次他们打破了一些东西，或者你们明确知道他对你们青春期的孩子有很不好的影响，也就是说你们必须有证据而不是空口无凭）。青春期的孩子对自己的朋友都有保护心态，你们让他们走只会让你们青春期的孩子更为他们辩护。

4．喝酒。根据你们青春期孩子的年龄，你们需要在派对之前决定是否需要酒。现在对于青春期孩子的派对来说，有酒很正常。如果你们青春期的孩子已经15岁或者更大，我们的建议是你们负责为派对买酒，这样你们就可以对提供多少酒，每个孩子喝多少起到监管作用。如果你们确定要给他们买酒，你们可以强制执行不能带酒进入派对的规则（例如客人不能带），这样你们就可以严格控制酒的数量和类型。你们不想让一群15岁的青春期孩子们失去理智。这很奇怪，但是你们要相信我们：从经验看，如果你们禁止他们喝酒，他们一定会在你们发现不了的基础上弄到酒，即使是最小心的父母也发现不了。认真想想允许喝酒的好处和坏处，但是一定要记住，你们青春期的孩子不再是小孩子，他们已经是成熟的年轻成年人了（很严肃的说），他们自己可以对饮酒这一事件负责。

5．你们会在场吗？ 如果你们选择在场，那么你们能对整个派对进行监督，如果有什么事情不对或者需要帮助的时候，可以及时帮忙。但是你们肯定不会轻松，你们青春期的孩子会烦着你们。我们建议是第一次派对的时候你们要在场，这样你们就能知道他们很负责，尊重所有规则，并且确保他们的朋友都很成熟，不会引起什么严重的麻烦。之后，最好就不要在场了。你们甚至可以把这当成和自己朋友出去玩的一次机会！如果你们有一个很大的房子，或者相信你们可以待着不打扰他们，待在家里也没有什么不好的。但是，如果你们知道你们很可能每隔10分钟就会检查一下，那最好离开。否则，你们可能让你们青春期孩子的派对气氛很糟，因为你们的行为会让他们觉得不独立，他们会生气，也很尴尬。

6. 过夜。派对之后一些朋友可能想留下来过夜，但是你们应该对谁能够留下的人数现实一点。在派对之前，明确告诉你们青春期的孩子谁可以留下来，不允许其他人再留下来。要意识到，有些青春期的孩子想要留下来过夜是因为他们父母不允许他们饮酒，如果让他们留下来的话，这就在接他们回去之前，给了他们清醒的机会。经常查看过夜的父母知道这个安排，也知道他们会喝酒这一情况。

小贴士

如果你们让你们青春期的孩子举办派对，他们将希望自己组织，不想你们以任何方式干涉他们。即使你们知道怎么做最好，这是他们的派对，他们期望按照自己的想法来做。如果派对的某一部分对你们来说很重要，例如只能邀请一定数量的人，那么事先达成协议，这样如果他们破坏了协议，你们可以阻止他们举办任何派对。这会让他们更听你们的话，如果他们没有，你们就有理由惩罚他们了。

Teenagers Explained

Chapter 6

凡事都在变化：性和关系

或许你们在第4频道看了《青春期的孩子性爱圣经》，这让你们很恐慌。所有青春期的孩子都有那么多性爱吗？许多人对于性爱基本都这么愚蠢吗？你们究竟怎样能知道你们青春期的孩子这方面知道多少？

但是在我们进入性爱的事实真相前，我们从一些简单的开始：接吻和第一个男/女朋友。

接吻

正常情况下，青春期孩子的初吻一般在13岁左右（不，妈妈没有数），但是，很明显，这取决于个人。我们知道在你们的眼里我们还都是你们的"小宝贝"，但是事实是我们已经是处于青春期的孩子了（或许，但不会常常，青春期后期），我们将会有男/女朋友（并会做随之而来的任何事情），并且有时（超可怕的事实）我们在没有固定男朋友或者女朋友的时候就已经做了这些事情。

我的初吻是在我13岁的时候，和我那时候的女朋友。

——亚当，16岁

我的初吻是在我11岁的时候，在初中的操场上。 ——赖安，15岁

我的初吻是在我男朋友家里，当时我15岁。那已经很迟了，真的。我记得我那个时候想“我终于得到了。” ——蕾切尔，19岁

很多情况下，和某人接吻对于一个青春期的孩子很有意义。但是有时候，也没有什么意义。在派对中一晚上和三四个不同的人接吻是一件再普通不过的事了。作为父母，你们对此毫无办法，坦白地说，你们甚至都不会发现。另外，这也是成长的另一个方面——无论如何，这是我们的借口！

我和伙伴打赌，最终我以一个晚上吻到10个女孩获胜。

——本，16岁

当我第二天醒来，发现一晚上吻了四五个不同的人时，我常常会哆嗦。虽然这在当时并不是什么大数目。 ——维姬，15岁

保持稳定

啊，青春期的爱情。你们还记得那些日子吗？好吧，我们现在正在经历。

但是当你们青春期的孩子有了男/女朋友，你们会如何处理呢？我们猜对于大部分父母来说，这与其说是一个让人兴奋的消息不如说太可怕了。

首先，因为这对你们青春期的孩子来说可能是一件大事，不要把它当作愚蠢的青春期孩子的东西来嘲笑（就像我们原来说的一样，我们会

讨厌你们这样做的）。我一个朋友的父母是从14岁就一直在一起，所以你们青春期孩子的男/女朋友可能就是将来“那一位”。或许不是，但是谁知道呢。

另外，记住，在这段期间，我们所有的个性（在第1章中提到的，情绪化，夸大其词等）都会达到高峰。因为我们原来都没有这种关系，我们还没有形成处理低落或者心痛的机制。一天没有和你们的男/女朋友联系，就会让你们彻底垮掉，更不用说收到没有亲吻的短信了——更别说做了。

当我12岁的时候，我妈妈告诉我会开车送我去任何约会。这就是我为什么不让任何男孩来我家——甚至朋友。 ——露易丝，16岁

让那扇门开着

我们知道许多父母（尤其是爸爸）想到他们的女儿或者儿子和男/女朋友在他们卧室就觉得很不舒服，但是你们青春期的孩子长大了，他们的关系也变得更严肃了，所以他们有可能带他们回家。尽管他们最不想做的就是带他们回家，和爸爸妈妈坐下来，审问他们。

一些父母坚持一种“开门政策”，如果青春期的孩子想要带他们的男/女朋友进卧室的话就要这样做，但是我们觉得这很荒谬（也没有意义）。说实话，如果他们要发生关系，那么他们就会出去（你们知道你们自己也会这样做）。大部分青春期的孩子不会在你们在家的时候发生关系，无论如何都不会——门开不开都不会。

如果父母对青春期的孩子表示了信任，反过来，他们也会尊重你们的意愿和家庭规则（例如不发生关系！）

下面这一点说起来有点背道而驰，但是如果你们对不准发生关系这一点太过强调，他们可能真会尝试一下。但是，如果你们不多说什么，只是留我们自己待着，我们会觉得那不是什么大事，也会慢慢度过我们的时间。

每次我带女孩回家的时候，我妈妈总会审问她们，所以我再也不带她们回来了。

——马克，15岁

但是当事情一切顺利的时候，我们高兴得就好像飘在云端一样。即使看到青春期的孩子很开心对父母来说是件好事，但是记住，我们可能只是沉醉在自己的泡沫幻想中，而不是事实中。

另外，在如此快乐之前肯定有很长路要走，所以我们有时需要一个可以哭泣的肩膀或者给我们一些空间来排遣失去爱人的悲伤。

分手

分手会让人很担心，尤其对青春期的孩子来说，这种夸大其词的生物，对于我们那可能就是世界末日。

我们理智上明白3个月的关系肯定比不上10年的婚姻，但是如果我们想沉湎于自我感叹的时候，我们觉得父母应该理解（如果我们都不洗脸，白天不出门的话，请来关心一下，不要感到尴尬）。

所有青春期的孩子都会处理不同的分手情况，当然每种环境都很特别，但是对于父母来说要记住的最重要的事是要提供支持——无论这种关系在你们眼里多么渺小。

就像友谊破裂一样，分手也会变得很讨厌，你们需要给你们青春期的孩子一些帮助，让他们觉得还有希望。

小贴士

尝试描述一下你们的一次惨痛的分手经验——这让我们觉得你们很重视我们的心痛，另外我们可以看到一段坏的关系的结束将意味着好的关系的开始。

处理我们的分手事件时，耐心也很关键：我们可能会体验几次令人伤心的分手，是的，我们需要你们的支持。你们可能认为有许多关系意味着没有哪段感情是严肃的，但是对于青春期的孩子来说，这很正常。毕竟，熟能生巧，对吧？

在我青春期早期，我有很多男朋友（真的，很多）。我爸爸总是嘲笑我，故意叫错他们的名字。真令人尴尬，所以我以后再也不和他们说我感情的事了。

——詹尼，19岁

虽然一些父母更希望他们青春期的孩子直到18岁再开始谈恋爱，我们觉得这些关系是健康的，无论你们选择开明一点还是不开明，我们都会这样做，一往直前。如果你们不小心，这可能是青春期的孩子生活对父母隐藏起来的另一部分（如果你们好好看这本书的话，你们就知道这不是什么好事），所以尝试记住一些要点。

1. 不要施加压力，要求见你们青春期的孩子的男/女朋友——如果我们准备好了我们就会这样做。

2. 不要觉得我们的关系不值一提——无论这段关系有多短，记住那个时候青涩的恋爱感觉是多么重要。

3. 不要对我们可以有多少段感情进行限制，不要嘲笑我们——把它当作学习的过程。

性行为

现在，你们已经慢慢接受我们真的长大这一事实了吧——现在我们来聊一聊性行为吧？

很明显，父母对于青春期的孩子的两性关系很小心，因为在他们看来，青春期的孩子怀孕的话就是进展太快了，但让我们直接告诉你们：不要因为你们青春期的孩子谈恋爱了就认为他们一定会发生关系。一些会（好吧，许多都会），但是如果你们觉得你们14岁的孩子有这种行为的话，如果没有真凭实据，就别难为他们。

另外，让人觉得讽刺的是，我们所了解的有稳定关系的男女朋友并不急着发生关系——可能因为这样他们觉得很开心，很安全。我们一些单身的朋友却在他们之前早已发生了关系——只是为了证明某一方面（最可能是自尊感较低的结果，参考第1章）。

尽管，如果你们青春期的孩子有一段很认真的恋人关系的话，他们最终一定会计划发生关系。如果是这样，你们需要和他们谈一谈，下面我们会具体谈到（不要害怕，父母们）。先达成一些约定是不错的主意。

我和我的女朋友在一起1年了，妈妈给了我一些避孕套和安全期的笔记。即使我觉得有点奇怪，但是我还是很高兴，因为我自己要是去买的话很尴尬。

——凯勒，17岁

小贴士

与其谈一些性行为的具体事项，不如和他们谈谈对性行为态度不同的人（以及他们发生性关系的原因），例如，有些人选择一夜情。性关系以及性角色是不错的话题。

像处女一样

不是谁都把发生关系当作很严重的事。对于一些人来说，失去贞洁是件大事，但是对于其他人来说，这只不过是每人都要经历的事。对于大部分青春期的孩子来说失去贞洁大概在十六七岁，当然也有更早或者更晚的情况。可能直到你们青春期的孩子有长期稳定的对象，你们才会知道这个情况，在这种情况下，你们一定会想到这一点。

在我17岁的时候我第一次发生了性关系，但是我听到我妈妈回来了，所以我们不得不停下来。

——佚名，18岁

我第一次性关系发生在我们预定过夜的一家酒店，那时候我16岁。那天我们不用担心被抓住，所以我们很放松。 ——佚名，17岁

我第一次性关系发生在一次聚会的卧室里，当时我16岁。

——佚名，17岁

我和我男朋友第一次发生关系时在酒店。这很特别，我很高兴我们没有那么迫不及待。 ——佚名，18岁

关于性的对话

坦白一点来说，我们知道让青春期的孩子和父母谈有关性的问题是最奇怪的。相信我们——这是青春期的孩子最不想谈的事。同样，对于父母来说也是挺可怕的话题，这不难理解。因为你们最终被迫相信你们青春期的孩子不再相信鹳的故事（很恐怖！）。我们调查的所有人中，只有42%的青春期的孩子曾经和他们父母谈论过相关问题。如果露易丝妈妈打算和她聊聊关于性的问题，她一定会掉头跑到山里。

每个家庭都是独一无二的，所以每个家庭在告诉他们孩子有关性的问题及如何处理这种问题时，方式都不太一样。和你们青春期的孩子谈论这方面的问题取决于你们的关系有多开放、多亲密：他们有事会不会找你们商量？在他们坐着、有点畏缩的时候会不会和他们谈一谈？你们所能做的就是思想开放，让他们觉得可以和你们聊，但是最终还是由他们决定要不要和你们讨论这个问题。

作为话题，性不应该被当作某种禁忌的话题，一听到这个话题，要不

会皱眉头，要不完全忽视。梅根的父母从来不会在这个问题上躲躲闪闪，但是他们也不会强迫她谈论这个问题。

当我问他们关于性的问题时，他们从来都是诚实回答，而且不会问我为什么想要知道这些问题。——梅根

还有一种可能，即使你们是最开明、最诚实的家庭，你们青春期的孩子也可能不会在这个问题上询问你们的意见，你们也不需要太兴奋而不能好好同你们青春期的孩子谈论这个问题——我们真的没事！青春期的孩子或者更小的时候，你们就可以给他们一些这方面的书籍，这样避免了任何令人尴尬的谈话同时也让你们确定他们知道自己需要什么。

我父母给了我一本关于青春期和性知识方面的书而不是进行一次关于性的谈话。——莉齐，16岁

如果你们青春期的孩子没有向你们征询关于性的建议或者信息（或者你们不想告诉他们），不要慌乱。这不意味着他们不知道什么是性——很可能完全相反。很有可能，他们已经通过其他途径了解到了他们需要知道的东西，所以没有什么好问的，这样也避免让你们（还有他们）脸红。

我更愿意和我的朋友谈这个问题，有许多问题聊起来让人觉得很尴尬。——马克，16岁

许多青春期的孩子想要谈论这个问题，但是很不好意思去提出这个话题。我们的调查表明，50%的人说当他们想要谈论这个问题的时候，他们不知道如何开始。90%的人觉得这个话题让人很尴尬。对于一些青春期的孩子来说，这将是一个大问题，尤其如果他们很害羞的话，所以如果你们觉得他们是这种情况，就需要提供给他们一个开始聊这个问题的话头，例如“在学校关于性，你们都学到了什么知识？”

青春期的孩子常常被动地被告知关于性的信息。哪儿都有：电影里，电视上，音乐里——真的哪里都有。青春期的孩子很难避免不接触到它，也就是说很容易就了解到关于这个话题的内容。在小学的时候，孩子就已经接受了义务的教育，之后差不多每年都会听到关于性和STD（性传播疾病）的内容。如果你们觉得你们青春期的孩子不知道这些是什么，让他们解释给你们听。青春期的孩子在学校也会接受他们需要知道的安全性交的知识，他们知道会出现的问题，避孕套、避孕药（甚至一些男孩子都会被教育）以及其他形式的避孕措施。

即使对于这个问题他们还有些疑问，还有互联网呢，他们可以用谷歌搜索任何问题，并且立刻获得答案。即使没有上千，也有上百的网址，可以帮助青春期的孩子了解关于性的相关问题。有许多可以信赖的网站，例如NHS（注：英国国家医疗服务体系）或者BBC（注：英国广播公司），在这些网站上，青春期的孩子们都可以获得大量关于性的建议和信息。他们确实通过这种方式来了解相关信息。处于青春期的孩子也更愿意这样做，因为没有人知道他们在看关于这个话题的内容。但是，一些网站不总是那么值得信赖，但是青春期的孩子也知道这点。基本上，不需要和任何一个人交谈，青春期的孩子就可以通过这种方法得到他们想要了解的任何信息。

甚至电视上也有此类节目，例如《青春期的孩子性教育》节目，这个节目涵盖了性知识的所有方面。但是有趣的是，我们认识的青春期的孩子除非有什么问题，一般都不愿意看这个节目。他们在学校听到的已经够多了，没有必要坐下来再学习一下。但是，这个节目可以是父母们的最佳朋友：如果你们觉得你们青春期的孩子对于性一无所知，和他们一起坐下来，告诉他们想让他们看看这个节目，但是不要和他们一起看，就像梅根的家人那样。这不是什么很酷的事，如果你们真这样做了，你们会发现没有那么自在。尽管这样，这个节目确实回答了一些你们青春期的孩子觉得问你们不自在，甚至在网上匿名搜索也不自在（即使总有一些网站能提供答案）的一些问题。

尽管，正常情况下，我们一般会和与我们有相同思维或者视角的朋友谈论这些问题。年龄大一点的朋友可能会更有帮助，但是在一群朋友中，总会有人更有经验，所以其他人总会问他们。和朋友谈论这个问题比和父母谈论这个问题自在得多，和父母谈这个话题太可怕了……不要。

你们到了哪一步了?

虽然我们的朋友是性知识的主要来源，他们也可能让事情变糟。即使他们不是故意的，经常问“你们到了哪一步了？”或者“你们亲过多少人？”等会对我们产生影响，鼓励我们做一些他们都没有做过的事。不幸的是，我们没有办法逃避这种压力。对于父母来说，他们能做的就是确保处于青春期的孩子知道他们的意见意义重大，另外确保他们自己一个人也很舒服，这样他们不会觉得必须和其他人在一起。

就像你们看到的一样，青春期的孩子可以获得他们想要知道关于性的知识还有很多其他的办法。如果父母没有和他们的处于青春期的孩子谈过这个问题，也不需要担心；记住如果他们觉得他们需要帮助的话一定会找你们。但是，如果你们觉得还是有必要和他们“谈一谈”，我们有一些你们可以做和不可以做的建议。

谈论性的问题时，可以谈的事以及不可以谈的事。

1. **不要强迫**。不要强迫你们青春期的孩子和你们谈“性”的问题，这点非常重要。如果他们没有要求，不要强制让他们坐下来，听你们详细地谈论相关内容。这只会让人觉得尴尬，也没有什么必要，他们可能会尝试逃跑。听你们说让他们觉得很不自在，这意味着你们完全在浪费时间，也非常有效地让他们遇到关于性的问题时再也不会找你们。

2. **简明扼要**。如果你们处于青春期的孩子有勇气问你们这方面的问题，只回答他们问的问题，不要解释其他他们已经知道或者不感兴趣的方面。

3. **不要问**。另一个绝对不要——是不要像轰炸一样问他们很多问题。记住如果你们青春期的孩子向你们问一些关于性的问题，那么他们很勇敢，可能也很不自在。他们最不想你们做的事就是你们一个问题接着一个问题地问他们——“你们为什么想知道避孕套？你们准备用它吗？”真的是父母不应该常常问的问题。这对你们的谈话毫无益处，如果你们失控，甚至又让他们走，这会让他们以后再也不找你们了。

4. **时间恰当**。不要幼稚地等到他们有了男朋友或者女朋友的时候才和他们谈论性，因为你们从来不知道他们到了哪一步。尽早和他们谈，一旦你们觉得有关，他们也足够成熟来处理这个问题，因为每个人情况都不同，尽管女孩通常会比男孩早知道（因为每个人都害怕处于青春期的孩子怀孕）。

小贴士

当你们的孩子开始表现出青春期的特点，就可以和他们谈谈这个话题了，但是只有双方都觉得很自在的情况下才可以，尽管他们还很小。在8~16岁都可以进入青春期，所以一定要注意。

避孕措施

根据孩子的独立性或者责任感，如果他们已经有性行为了，那么如果是女孩应该已经开始吃避孕药，如果是男孩，应该已经用避孕套了（希望？！）。如果你们偶然在他们的包里或者卧室里发现了这些，不要生气，但是震惊是可以理解的。你们应该为你们青春期孩子的明智、没有冒险而感到高兴。

另外，如果你们的女儿问她们是否能吃避孕药你们一定要保持冷静，尽管她们可能掩饰说这样做是为了减轻经期的痛苦。附近的诊所常常会给我们发一些小册子，在那里有各种各样的避孕措施，所以大部分青春期的孩子都会循迹而来。如果你们青春期的孩子没有和你们谈这些事，不要生气，这并不意味着他们不知道怎样保护自己。

我妈妈对我和我男朋友的事还是一无所知。我没有和她说任何事情不代表我们不小心，没有任何保护措施。　　——佚名，16岁

小贴士

不要问你们处于青春期的孩子他们是否有“性行为”。你们是20世纪80年代的人吗？注意一下他们是否知道安全性交，不要关注于他们是否发生性行为。

手淫

手淫是很可怕的话题（我们觉得你们没有），但是这很正常。

我们知道如果他们的儿子手淫太多的话，会很担心，但是真的没有什么“正常”次数。

我们的男性朋友不愿意谈这个问题——我们也没有因为问这个问题而很激动——但是我们从强大的网络上、兄弟那里，以及集体谈话中得出，没有什么“规定次数”。

有时在青春期早期，男孩女孩将会探索他们的身体，这是成长的一部分呢。尽管在这本书里，我们经常鼓励要诚实，要开放，手淫是个最好不要碰的话题。但是如果你们发现你们青春期的孩子手淫，你们很不知所措，那么就表现得如平时一样，摊手说“这太正常了”。

你们青春期的孩子可能很窘（你们也一定是），但是你们做的最糟的是让人觉得这样做是不对的——你们不想让我们纠结吧。

父母可能担心处于青春期的孩子看黄色书刊，但是每个男孩（还有一些女孩）都会看，所以这有什么事实上的伤害呢？总会问什么年纪看是可以接受的呢？但是我们觉得如果你们青春期的孩子开始看了，那么就可以看了。

不用费力

有些事你们可能会担心，但是你们真的不用担心。

- **你们“宝贝”孩子发生性行为了**。对于这点你们没有什么可以做了，除了确保他们已经准备好了。你们没法阻止他们，但是如果你们不独断，开放，有可能他们会告诉你们。装作不经意问问他们是否都了解了，根据情况决定是否有需要告诉他们更多。不让他们见男/女朋友是最荒谬的事，一直围绕着他们，不让他们一个人在家，这些都完全是在做无用功。他们会想办法见到对方，那样做只会让他们恨你们。
- **STD**。你们青春期的孩子只有通过性行为才能得这些病，所以确保你们知道不同类型的性传播疾病和它们的症状。再次重申，你们能做的就是确保他们知道怎样才能安全，知道这些病的存在（尽管，他们可能在学校听过这些病，但是他们很幸运没有知道具体的细节）。让他们知道如果他们觉得和你们谈会不自在，他们可以和他们的医生（可能不是家庭医生）谈一谈。
- **青春期的孩子怀孕**。如果你们青春期的孩子没有任何保护措施的性行为，这很有可能发生。例如，露易丝好朋友的学校曾有两个女孩怀孕了，其中一个12岁，一个11岁。你们没法阻止他们不要发生没有任何保护措施的性行为，基本上，如果他们这样做，你们无论说什么也没法阻止他们。最好的就是确保他们清楚知道怀孕的影响。夸大其词，说得好像是世界末日一样也不是什么坏事。说说那些无眠的夜晚，他们身体从此之后的变化，更难找工作，没有成功的事业，不能和他们朋友出去玩，自己再也没钱花……这样一定会吓得他们知道用避孕套。根据英国广播公司的研究，在2008年未满18岁怀孕的人数为41325人，所以确保你们的孩子不会是下一个很重要。

生理变化

就像讨厌的“性”这个词一样，青春期的孩子也不得不处理各种各样的生理变化。这些变化可能是奇怪的，令人尴尬的，很难处理的。当然你们已经经历了，作为父母你们可能不知道你们青春期的孩子事实上会在哪些方面需要你们的帮助，所以这里我们列出了一些他们可能（或者不可能）需要你们帮助的内容。

在这一部分，我们列出了我们和朋友们已经知道的以及我们希望父母可以告诉我们或者帮助我们的内容。显然，青春期的孩子遇到的情况各不相同，但是这可能会让你们知道在哪些方面他们需要你们的建议（或者清楚讲解）。

月经

你们知道，在青春期，女孩每个月都开始会有一位“拜访者”——有时甚至在她们知道这是怎么回事之前。梅根10岁的时候来了月经，在此之前没有人告诉她月经是什么。她那时觉得有人在捉弄她。尽管你们在6岁的时候就开始第一次讨论性，但是只有在8岁或者9岁的时候这才被完全理解。所以，基本上，当你们青春期的孩子开始发育时，就可以和他们谈论性了。

我们已经知道些什么

在学校我们已经知道怎么使用卫生棉条和护垫。我们也已经知道科学机制，它为什么会发生，但是他们没有告诉我们，我们可能会体会到可怕的经期疼痛或者护垫和卫生棉条的好与坏。

> 我对月经发生的科学机制很了解，但是对每月那几天不正常的叫声做好准备。
>
> ——佚名，17岁

作为父母，你们应该回答这方面的问题，清楚地知道你们处于青春期的孩子关于这个问题知道的有多少。不要像他们在学校那样教育他们，但是如果因为他们没有认真听而不太明白的地方，你们要准备好认真谈谈这些问题。这就要求你们在这方面很博学，这应该很简单，因为每个妈妈都曾在她的生命中经历过。

但是，如果你们是一位单身爸爸，对这一方面不熟悉，你们需要读一些这方面的书，或者让比较熟的亲戚帮帮你们（这可能是更好的选择）。

我们希望父母和我们谈些什么

- 护垫和卫生棉条的好处（尽管，他们建议在你们完全成熟的时候就不需要用卫生棉条了）。
- 你们什么时候来的月经：8~16岁范围太广，但是这常常是由基因决定的，所以和家里其他女性经历的时间应该差不多。
- 在经期要保持干净：如果你们更大一点，可能想要刮毛。
- 怎样卫生地放置卫生棉条/卫生巾：这在学校没人教我们。他们不会告诉我们具体步骤，所以需要解释给你们青春期的孩子，然后一次解释清楚所有的疑问，告诉我们下次你们不在的时候，我们怎样放，因为我们可能对此很迷惑。

- 放入卫生棉条：要清楚我们知道些什么，尽管有些青春期的孩子更倾向于根据第一次买卫生棉条的小册子上写的做。

乳房

我们已经知道些什么

我们知道所有乳房的发展：它们基本上刚开始发育。在学校我们学到这方面的知识，但是这很正常，不怎么奇怪。在第一次性教育录像中也会提到。当它第一次发生的时候，你们的女儿可能会有一些问题，对于她们什么时候需要戴胸罩也不清楚。如果她们还很小，你们需要和她们一起去买第一个胸罩——每个人都会记得她们在M&S（玛莎百货）测胸围的经历。你们处于青春期的孩子可能和她们朋友一块更自在一些，和父母在一起可能有点奇怪，尽管乳房不是什么禁忌话题，女孩们常常对它的讨论也很开放，不会在意。

我的乳房发育比我的朋友们都早很多，所以在其他人戴之前我不得不戴胸罩。那个时候我很讨厌它，但是随着成长，乳房发育不是什么坏事。

——劳伦，16岁

我们希望父母和我们谈些什么

- 胸罩：哪里买，最好的试衣间，最合适的类型（无钢圈，运动型，蕾丝），什么时候需要戴。如果你们处于青春期的女儿大了，她们会和朋友一块去挑选。

- 乳房有时候会受伤，觉得麻木：告诉她们这很正常，让她们放心。
- 不需要担心大小：每个人都不一样，告诉你们处于青春期的孩子你们什么时候开始变大，因为同一个家庭情况差不多。
- 乳腺癌及怎样及时发现：你们可能顺便提一下，但是不要说得很严肃，只需要告诉我们需要注意什么。处于青春期的女孩知道在年龄大一些的女性中容易发生，所以她们不想你们浪费她们的时间。

脱毛

我们已经知道些什么

我们知道这是需要做的事情，但是在学校他们并没有教我们。即使这样，我们不需要找你们问相关问题，因为大部分处于青春期的孩子会自己学习。对于男孩来说，许多爸爸们觉得他们儿子第一次刮胡子就是通向成人世界的一种仪式。对于处于青春期的孩子来说，这可能是不值得尝试的经历，尤其他们只有一点胡须的时候。如果你们的儿子对外表不怎么重视，但是你们觉得他们应该刮胡子了，一定要注意你们提醒他们的方式，不要嘲笑他们。

> 我还不需要刮胡子。人们常常说我应该觉得欣慰，因为胡子是麻烦，但是我不讨厌有张孩子脸。——迪恩，18岁

女孩们常常问你们不同类型的剃刀、脱毛膏或者蜡纸，但是对于这方面你们可以放手让我们自己处理。你们可能因为女孩们在这个年龄就想着脱毛而震惊，因为有时候可能只有11岁。但是我们怕这可能是“儿童期的有性特征”，你们可能睡觉的时候都会担心，但是我们没有办法。

在12岁的时候我开始脱毛。这只是人人都做的事。

——劳伦，16岁

我们希望父母和我们谈些什么

- 最好用的工具：剃刀，脱毛膏，蜡纸或者脱毛器。
- 怎样使用上述工具，多久需要用一次。
- 对于男孩来说：在不伤害自己的前提下怎么做。

粉刺

一些青春期的孩子很幸运，几乎不出痘痘，其他人，例如梅根，在他们的青春期几乎都有痘痘。很确定的一件事是：大部分处于青春期的孩子在某个时候总会体验一次痘痘，相信我们，真不好玩！

我们已经知道些什么

青春期的孩子从有类似经验的朋友那里了解到了很多关于粉刺的信息。他们挑选洗面奶，学习通过化妆让他们看起来完美无瑕。他们也可以上网搜索祛痘膏或者别人推荐的产品。这些让选择面霜很容易，没有什么特别需要向父母咨询的，因为这些不会有什么害处。

我讨厌那些祛痘明星的广告，他们常常原来有很多痘痘，但是在用了两天某种产品后就神奇得都没有了。相信我，都没有什么用。

——乔，15岁

当青春期的孩子有一天感觉到绝望，因为没有哪种祛痘膏有效（在学校他们没有什么选择来与痘痘作战），这个时候，父母需要和青春期的孩子谈一谈。

我们希望父母和我们谈些什么

- 如果粉刺很严重的话，建议看医生。有一些特殊的药膏或者药治疗粉刺很有效，而且你们从没有听过它的副作用。
- 谈一谈在青春期的时候你们的皮肤是什么类型，什么时候不再出痘痘，因为这常常是遗传的。

我妈妈带我去医院解决我的粉刺。我最终不再长痘了。但是不幸的是，这也让我的皮肤很干，把我所有睡衣都漂白了，妈妈也很不高兴。

——梅根

性向

当一些青春期的孩子开始考虑性行为的时候，他们也会开始检查他们的性向。

对于那些觉得自己可能是同性恋的青春期孩子来说可能很困惑，也很害怕，但是可能他们最担心的是怎样告诉你们。

如果你们青春期的孩子真的鼓起勇气谈这个问题，这可能让你们震惊，或许也不会，但是你们要记住他们第一时间和你们说这个问题需要多大的勇气。不要惊呆了，一动不动地坐在那里，因为他们会因为你们可能不能接受这个事实而越来越紧张。你们应该做的第一件事是让他们安心，即使你们原来没有遇到这种问题，因为得到你们的认可会让他们松一口气，这也意味着他们不需要再对你们隐瞒。

我们问过露易丝的妈妈，如果露易丝是同性恋她会说什么，她回答说“我会接受它，你们高兴和健康是最重要的”。我觉得你们应该像这样看待这个问题。

尽管，我们明白这可能是很难处理的事，但是随着时间的流逝，以及朋友、家人、同性恋组织等的支持，作为一家人你们可以很好处理这个问题。

Teenagers Explained

Chapter 7

娱乐：音乐、音乐节和时尚

音乐和时尚在青春期孩子的生活中占据了很大一部分，现在也是如此。这可以影响我们的社团、朋友，给予我们几乎没有经历过的机会。

音乐

音乐常常是父母和孩子争论的一个问题，“你们把音乐声音开太大了，太吵了——关小一点！”或者“你们必须听这个吗？”但是这是青春期的孩子表达自己的一个基本方法。不允许我们开得太大是因为这吵到了家里其他人，但是同样，不要期望一点也听不到——你们需要诚实地面对现实。

鼓励你们青春期的孩子听他们想听的任何类型的音乐是很不错的，但是要记住，他们可能会不断变化他们的口味——当他们18岁的时候，他们不会再听13岁时听的音乐。虽然你们不喜欢从他们卧室传出来的重金属音乐或者电子乐，但是很明显，他们喜欢。

我原来很喜欢美国朋克乐队——“我的化学浪漫”，但是现在我更喜欢埃尔顿·约翰。

——安诺，16岁

如果你们能对你们处于青春期的孩子选择的音乐表示感兴趣的话，这将会是件很不错的事。露易丝喜欢韩流音乐，尽管她妈妈刚开始觉得有点奇怪，但是她现在知道一些不同组合和他们的歌曲。

小贴士

K-pop（对赶不上时代的人解释一下）是韩流音乐——在青春期的孩子中很流行，甚至都有自己的次文化了，青春期的孩子对韩国歌手和组合的类型和时尚很感兴趣。

露易丝成功得到了两张分别在两个月中的不同演出票，这两个演出的票都差不多卖光了，即使那个时候都是上学的时间，她妈妈也为她打掩护，因为她知道这对露易丝来说很重要。这是让你们青春期的孩子尊重你们的一种很棒的办法。将来你们也可以用这种方法让你们处于青春期的孩子和你们合作。这种“我为你们那样做了，你们就不能为我做点事吗？”的态度将帮他们更舒服地处理事情。

但是不要太过分，回家发现她妈妈在厨房敲着节奏，唱着黑眼豆豆合唱团的歌，真的让露易丝很受伤。

让你们青春期的孩子喜欢不同的音乐也会让他们和与自己有相同爱好的人交朋友，不仅限于学校里面的朋友，这只会是好事。

我确实有这种经验：通过韩流音乐我交到了一群新朋友，尽管我们住在伦敦的不同地方，但我们常常在中央区一起溜达。——露易丝

音乐会和音乐节

当然，音乐狂一定很想参加音乐会或者音乐节。对于父母来说这可能有点令人望而却步——特别是那些音乐节——但是只要没有什么很大的借口，你们应该让你们青春期的孩子去参加，尤其在他们不能什么时候想去就去的情况下。

当参加音乐会的时候，确保你们了解所有重要的信息：地点，什么时候开始，什么时候结束，他们和谁一块去，怎么回家。

我和朋友一起去看了蕾哈娜演唱会（注：人气女歌手），我们让人上车、下车，但是我们在那里的那个晚上太棒了，甚至都不在意为别人当司机。

——克里斯汀，16岁

音乐节可能更严重。同样找到上面要求你们需要知道的信息，另外还需要其他一些信息，例如是否允许喝酒（大部分庆祝活动都允许，特别是针对青春期孩子的庆祝活动），或者这活动是不是以毒品而臭名昭著。要意识到你们青春期的孩子很可能过夜，甚至需要很多天在那里。这最终又要回到你们是否信任他们，相信他们没有那么幼稚，也有很好的判断能力。如果是第一次参加庆祝活动的话，可以给他们买一张白天的票，这样他们就不会在那里过夜，但是同样能够获得快乐。一旦你们觉得可以信任他们，就让他们留下过夜吧。

如果是音乐节，你们青春期的孩子很有可能想去参加Reading Festival（注：英国年中的音乐节）、Leeds Festival（注：利兹音乐节）或者V Festival（也是一种音乐节），这些都是青春期的孩子常常会参加的节日，一般会有几天的时间。特别是Reading Festival。他们常常和朋友们一起玩几天，在那里见面也很常见。只要你们青春期的孩子足够理智，能够照顾好自己的东西，就没有什么危险——因为也就是音乐和酒类。

小贴士

当说到音乐节的安全问题时，很大一部分取决于他们的朋友，所以确定你们知道他们和谁一块出去（如果有可能的话，问问他们是否知道有其他朋友圈的人）。你们青春期的孩子可能不会想到你们在试图找出是否会有酒精/毒品，只会觉得你们对这件事很感兴趣。

时尚

和我们音乐品位齐头并进的是我们的（有时很奇怪的）时尚选择。

一部分原因是他们在一定的“圈子”里面，尽管都有流行，但是处于青春期的孩子尝试不同圈子的风格这是真的——在不同的圈子里，会有一些“规矩”，听布兰妮的音乐时不会以Emo音乐结尾（尤其在他们朋友面前）。

Emo是什么呢？你们处于青春期的孩子可能很容易就喜欢这种类型，如果你们知道这是一个很普遍的青春期的孩子圈子，你们可能不会担心你们15岁的青春期的孩子画眼线了。

这有一个简单的（特别是典型的）不同社会圈子的介绍，包括作为“成员”的音乐和时尚规则。希望，读完这部分，你们可以不那么担心，也不那么武断（是的，我们听到你们和你们的朋友说我们穿得好像怪物）。我们觉得父母了解更多这方面的内容很重要，另外我们附加的应该做和不应该做的也要不断练习。

Emo音乐的粉丝（Emo）

（代表情感强烈的硬核音乐）

你们将会看到一些处于青春期的孩子，穿着紧身牛仔，画着黑眼线（对，甚至男孩也是），像帘子似的眼睫毛让人看不见他们的眼睛，在街上溜达。Emo是典型的对凡事和任何人都不满意的人，他们需要抱着纸巾盒来过一天。

当然，可能这不一定就是真的，但是如果你们青春期的孩子看起来非常闷闷不乐，觉得"很黑暗"，而不是立刻对压抑感到很惊恐，一定跟他们确认一下，确保他们并不像"外表"看起来那样让人不安。Emo音乐的粉丝一般会听很晦涩的乐队，他们唱着一些很吵很没调的歌，他们会特意让人觉得他们很情绪化，情感强烈。

对这个一定要过问，确保你们青春期的孩子没有把Emo的角色演得太入戏。尽管大部分处于青春期的孩子都特别享受这种能够随心所欲的夸张，这也让他们很开心，但是有少数会陷进这种模式中，通过自我伤害，甚至是谈论自杀的方式表达自己迫切需要得到关注。这当然就很严重了，如果你们注意到你们青春期的孩子胳膊或者大腿上有一些不平常的割痕，那你们就急需和他们谈一谈，咨询一下他们的医生，因为这可能是被欺负的结果。

不要嘲笑他们作的不成样子的诗歌或者奇怪的发型（即使很恐怖）。Emo音乐的粉丝一般都很严肃，他们希望你们认真考虑他们所做的事（如果你们真的想笑，等你们出了房子，确保自己真的远离了他们，再笑吧）。

哥特音乐的粉丝

（这种说法随着哥特音乐而产生）

当你们坐在楼下沙发放松的时候，曾经因为从楼上传下的“林肯公园”又吵又闹，满是愤怒的音乐而不得安宁吗？对你们青春期的孩子穿着黑色的衣服，画着浓妆出去感到绝望？那么恐怕你们青春期的孩子是一名哥特音乐的粉丝——这没有那么糟糕。

在某种意义上，哥特音乐的粉丝是一种具有否定内涵的典型，因为人们认为因为他们喜欢死亡金属音乐，所以他们讨厌任何人，很容易生气。就像Emo音乐的粉丝一样，事实并不是这样；实际上，许多哥特音乐的粉丝都是很具有创造力的人，他们喜欢试一下自己穿衣风格的极限（就像你们知道的美奇斯类型的黑色长外套和白色的妆容一样）。

一定要欣赏他们的勇气，哥特风穿着一点也不会帮助你们青春期的孩子受某个群体的欢迎，所以如果他们在早上因为外貌吓到了你们，为他们的独立个性鼓掌。尽管哥特音乐的粉丝一般不会在一个群体中很突出，但他们也一定有自信，这对你们青春期的孩子来说是很好的事情。

不要认为现在他们是这个社会的异类，将来便会找不到工作，也不会变得“正常”。这个阶段有可能只有一两年。

Nerds/Geeks/Neeks（怪人）

（这个俚语用来描述任何很聪明的人——但很不幸，聪明得让人不喜欢）

他们坐在那里，低头埋在数学课本里，当他们试图记住圆周率的平方根时，哈利·波特式的眼镜从瘦小的鼻子滑下来。Nerds或者Geeks（Neeks）常常因令人不爽的聪明和缺少任何正常社交技巧而出名。很明显，他们对于时尚没有什么理解能力，经常太忙着看书以至于没有时间听音乐！但是不要害怕，仅仅因为你们青春期的孩子很聪明，这不是说他们不会在不惹怒他人的情况下与别人聊天；仅仅因为他们对数学和《星际迷航》感兴趣，这不是说他们会被别人找茬儿。

不用说，梅根就属于这种类型，但是她可以和人们聊得很好，她只是碰巧喜欢科幻小说而已。事实上，现在成为一个怪人都是很酷的一件事——我知道：又震惊又可怕！怪人时髦，人啊！

一定要鼓励你们青春期的孩子参加一些社团，即使不是所有的Geeks都会被选中，他们常常会很害羞，给自己很多压力要求自己在学术上做得很棒。社团会让他们从他们的安全区域中解放出来，鼓励他们与新的人认识，一块玩得开心。

不要让他们感觉不好，因为自己过于爱学习、没有朋友。这些其实都是好事——通常怪人们更加有决心，能专注于功课，并更容易取得成功。毕竟，就像比尔·盖茨说的："对书呆子友好点吧。有可能到头来你会为这样一个人工作。"

Chavs

（一个消极的典型，指的是弱势但好斗的青春期的孩子，他们常常参加反社会的行动）

经常听20世纪90年代的车库音乐、说唱音乐还有流行音乐，Chavs常常穿着耐克或者阿迪达斯的运动套装，或者更糟的是，戴着假冒防水帽。要注意这一类型；仅仅因为你们处于青春期的孩子穿运动套装，喜欢他们教练，并不是说他们是小混混。Chavs有时被认为是很酷的孩子（因为和非主流的团体如Emos，Geeks都相反）。

一定要设法见见你们青春期孩子的朋友们。许多Chavs都是完全无害的，但是记住你们青春期的孩子可能加入“坏”群体。他们常常从商店偷东西，因为这看起来很“酷”。

一定不要把你们青春期的孩子和冰易乐队（注：曾拍电影，唱歌等）做比较——他们一定不会觉得这很搞笑。

Rahs

（上层阶级的十几岁的孩子，他们上私立学校——或者希望是那样的十几岁孩子）

他们什么都有，不想要任何东西；他们用一种奇怪的正式的语气说话，常常穿着Jack Will（很贵的牌子）——就像他们的校服一样。他们从不在普利马克（品牌名）购物，但是对切尔西制造的东西顶礼膜拜。作为父母，我们能够明白为什么这个社会团体在某些方面很吸引人（因为听起来他们很听话）。尽管不是对每个人，但是Rahs常常是“排他的”，高傲的，尽管，这会让你们在学校交不到什么朋友。

一定确保你们尽力教育你们青春期的孩子宽容，想要成为Rahs的人常常看不起其他人（这一点都不好）。

不要随便乱扔你们的信用卡。这类的青春期的孩子常常沉迷于设计师设计的衣服，希望你们给他们买。

很明显，有上百个不同的群体，你们青春期的孩子不会只属于其中一个，但是我们没法一一列举，因为我们还有其他很重要的东西需要谈一谈。如果你们想要更全面地研究某种群体，在网上你们可以找到很多信息。

不要尝试“最了解小孩”

尽管我们知道有许多群体，但是大部分青春期的孩子都不喜欢承认自己是某一群体的一员（我们都会觉得自己是完全原创的），所以如果你们通过不断了解，确定他们属于某一群体，也不要觉得很自豪。如果他们觉得你们都知道了，他们可能想要变成另一种类型，这样你们就要重新开始研究了。不过了解青春期的孩子文化很有益，因为这样你们能尝试理解他们的兴趣，另外知识就等于力量。你们知道越多，为下次他们疯狂的选择就越可以做好准备。

但是，你们一定要记住，我们对自己的时尚和造型都很认真。即使因为你们不喜欢我们过分的穿着，也要鼓励我们的个性，在10年的时间内，我们或者会不再喜欢这种造型，或者意识到我们最想成为什么样子，这种情况下你们应该接受。

如果你们不喜欢一些东西，有更好的建议，请一定要用点技巧。告诉我们为什么不想让我们穿这个，换句话说，就是拿出一个说得通的理由。如果你们没有，我们将不会听话，觉得你们太老土，太无理了。同样也要理智一点——你们青春期的孩子穿得确实太短？还是这很正常（考虑一下我们的年龄），只是对你们来说短呢?

我记得有一次我和妈妈因为参加聚会的穿着大吵了一架（她觉得衣服太短了，或者它是吧）。但是她处理这件事的方法实在很糟。如果她建议我穿上紧身衣，我会考虑一下，然后就穿上了。但是，她就朝我大叫"你就穿着这样出去！！！太可笑了，别人会怎么看你？"紧接着就是激烈的争吵。我的生长激素缺乏症更严重了，最后带着很糟的心情去参加聚会。

尽管回头看看我们不合适的选择，我们自己也会觉得有点荒谬，但是我们对你们的批评很敏感，特别是当我们对自己一些地方都觉得很不安全或者不开心的时候。

……如果你们觉得奇怪，我一出门就把紧身衣脱了……但是4个小时以后，当我觉得很冷的时候，就又穿上了。我觉得我妈妈是正确的……

——露易丝

其他兴趣

尽管在学校的时候，青春期的孩子都会虔诚地坚持他们的社会角色，我们知道（其实这对于我们需要做好准备面对成人世界来说并不好。）在成人世界中我们不得不与各种各样的人打交道。

我们在学校不想丢脸，鼓励我们发展一些爱好是一种把我们推出安逸区域的好方法。由于一些原因，在学校适用的规则与游泳或者爱丁堡伯爵都没有什么关系。

在我15岁的时候我做DofE，每分每秒我都很喜欢。

——梅根

当然，无论什么原因，你们处于青春期的孩子掌握一些技能是好事，因为这在我们的简历里会很棒。与运动相关的社团是不错的选择：跑步、跳舞、武术还有游泳都很普遍。看看黄页，用谷歌找找你们周围的社团，你们一定能找到点东西（这是露易丝妈妈为她找跆拳道社团的方法）。

一些更具创造性的兴趣对他们更好，所以你们应该鼓励他们参加一些这类的社团。跳舞、戏剧或者学习一种乐器或者语言都是他们可以参加的。另一方面，尽管青春期的孩子有兴趣是件好事，但是确保这些没有影响他们的功课，也没有占用太多的时间，给他们很多压力，或者没有休息的时间。

小贴士

对你们青春期孩子的兴趣保持感兴趣。去看他们的戏剧或者舞蹈表演，为他们的游泳比赛鼓掌，或者检查他们吉他学习的音乐笔记。这会让我们觉得很开心。

但是，记住，无论哪种社团，可能都花很多钱。确保你们搜索了很多周围的信息，最终找到了一个价格比较合理的社团，但是即使这样，也会很花钱。不要因为还有很多选择而觉得很糟——你们只需要想一想。

我妈妈不让我去体育馆，因为她说那花费太大，所以我在公园跑步，公园很大，另外我在网上发现了很多锻炼方法，和在健身房做得一样好。更别提这省了多少钱了。 ——露易丝

Teenagers Explained

Chapter 8

假期和独自在家

一旦处于青春期的孩子到了一定年龄——通常在16岁左右——我们不再想和家人一起过假期。抱歉，但是对于我们来说，这不再有什么吸引力。但是你们仍然想要继续，对吧？这不意味着你们或者家里其他成员不能度过一个开心的假期，所以让我们一个人留在家里没有什么不可以的，好吗？不，对你们来说，这听起来也不怎么好……

我想和我朋友一块儿度假，倒是我知道父母一定不会允许。

——贝基，16岁

但是，这千真万确。在16岁之后，没有哪个青春期的孩子还真的想和父母度假，尤其他们是家里的老大，还有其他年幼的兄弟姐妹。你们真的想让你们处于青春期后期的孩子和你们一起度假吗？全家人一起度假听起来挺不错的，但是，除非我们在那里可以交到朋友，否则我们只会呻吟，发牢骚，抱怨。然后变本加厉。

在欧洲——对我们英国人来说普遍的度假地——许多国家对16岁的人都提供酒精，这就意味着你们需要花很多时间阻止我们抱着廉价的酒不放手，或者阻止我们去酒吧。

我知道有个朋友被父母拽着去度假。最终她对每晚和父母打牌厌烦透了，她一有机会，就溜出去，到沙滩上，和西班牙男孩子约会喝酒。

——露易丝

独自在家

如果你们很友善——也很勇敢——决定在你们度假时，同意让你们青春期的孩子一个人待在家里，你们需要制定一些基本规则，确定他们也都了解清楚了。我们在这里整理了一些最好的建议。

- **供给**。我们不是烹饪专家，所以在你们离开之前储存一些食物，写一些不同菜谱的步骤。否则，我们一定会以外卖为生，甚至有可能，会从朋友家偷点东西吃。
- **联系方式**。留一个联系方式的单子，以防我们遇到一些问题，例如宠物死亡，或者洗衣机坏了等。
- **检查**。我们建议让你们青春期的孩子和一位亲戚住或者住在附近的不错的家庭朋友定期检查，以确保他们还活着，凡事都在控制之内。
- **钱**。确保你们留给我们足够的钱来买食物，必需品还有其他我们可能需要的东西。你们回到家最不想看到的事就是发现我们快要死了，因为我们没钱去特斯科超市购物。除非你们要求我们最后要把所有的账单给你们看，否则你们没法知道我们把钱都花哪儿了，但是这有点太控制我们。你们应该相信我们是理智的，将会把钱用来买吃的——如果你们把我们独自一人留在家里，这不是那么大的责任，对吧？我们不会让自己挨饿的。

你们需要记住的一件事是，取决于你们青春期的孩子是什么样子，他们可能计划开个派对。现实一点，如果我们想这样做，你们没法阻止我们。（处理派对的问题看第5章）

你们可以和我们解释一下，告诉我们这是一次证明我们长大了，能够负责的机会。许多青春期的孩子都会挑战一下，向他们父母证明他们很成熟很理智。另外，如果你们回来，发现家里很干净，很整齐，能够让你们给我们更多出外参加一些重要活动或举行派对的机会。

同时，也要威胁他们，如果房子发生了什么事情，他们要赔偿损失，他们所有特权将被收回，直到35岁才行。如果你们表现得非常认真，他们会相信你们的话，也就更会让一切正常，不出什么问题。

和朋友一块外出

一旦到了青春期中后期，他们开始不断唠叨让你们允许他们和朋友出去度假。许多青春期的孩子会和朋友在普通中学教育证书考试（问问纽基的居民）之后去英国的其他地方，甚至还有人在得到AS或者A等级之后去度假，甚至去国外。

这让人有点提心吊胆，但是这取决于你们是否相信青春期孩子的判断和他们是否足够负责，但是，现实一点来说，我们觉得你们应该在他们至少17岁或者18岁的时候再这样做。

在同级里我是最小的，但是我所有的朋友都准备去马里奥，所以我父母也让我去——我觉得他们只是不想听我抱怨。 ——罗西，16岁

根据他们要去的地点，你们可以了解他们脑子里想的是什么——一个

文艺型假期还是派对型假期——不要让他们告诉你们他们只是去看看遗迹，大教堂或者类似的东西。但是承认吧：文艺型假期的可能性微乎其微……

我妹妹和五六个朋友去巴黎度过了她得到A后的假期。我去了Magaluf（注：西班牙的酒店）。不必说我们的假期（还有照片）都呈现出不同的经历。

——蕾切尔，19岁

Magaluf（也被叫做“shagaluf”！）

如果你们处于青春期的孩子告诉你们他们将会去Malia，Zante，Kos，Maguluf，Ayia Nape 或者Ibiza（最后两个对于青春期的孩子来说太贵了，但是你们一定不知道），你们要记住他们正在计划进行派对假期。

你们可以看看《游民太空》来做参考——但是要注意：你们可能被吓到。

你们一定听过一些关于青春期的孩子在贫民区度过他们假期的可怕的事，同时，上百万青春期的孩子已经这样做了，并且也活下来了。（正常情况下，他们会声称自己过得很好。）

就像我们在前面已经说到的一样，我们的意见是你们应该让他们去，但是尽可能以要让你们帮着决定住处为条件。

信任一定会有所回报（就像可能会酗酒，如果他们做得太过，他们很可能很长时间都不会重复原来的错误），你们一定不会知道——他们回来可能会希望下次和你们去度假。

如果你们决定让你们青春期的孩子和他们的朋友出去度假，一定要拿到同行的父母的联系方式，即使你们处于青春期的孩子觉得这样有点尴尬，但这样你们可以和这些父母们交流，以确保你们收到了同样的信息。如果你们没有见过他们的朋友，最好见见，这样会让你们更安心一点。让它变得有趣一点，这样你们可以看到他们真实的一面，而不是在父母面前最好的那一面（当父母在场的时候我们变得很不一样）。

父母无忧清单

- 向你们青春期的孩子强调小心的重要性，不要喝太多酒，和大家待在一起，彼此照顾。
- 如果他们要出国的话，查看一下外国的医疗政策，这样如果有人生病，需要急诊的时候很有用。
- 确保你们提前为任何可能出现的问题和紧急情况做好准备，你们比我们更精通这些。
- 复印任何重要的文件，例如护照、保险等，都是必要的，另外不要忘记药和急救药箱（止痛药对宿醉很有效果）。

我很喜欢父母让我和朋友们出去，不过周围有负责的人更好，因为我常常被锁在门外（因为我们常常丢钥匙），喝醉几次之后，再喝醉就不是什么好事了。 ——史蒂夫，17岁

家庭假日（附加）

当然你们的第三个选择可以是带你们青春期的孩子一块去家庭假日，

但允许他们带着朋友一块来。如果可以，这是三个中最好的选择。他们会比一个人待在家过得更开心，但你们仍然需要注意他们（例如，你们甚至可以允许他们和朋友去酒吧，自己也可以清静一点，因为你们知道如果发生什么事，你们会在那里）。这样，他们一定会很开心，很愿意和家里其他人一块度假。

但是，在你们急匆匆地开始找和你们一块度假的候选人时，你们需要仔细考虑一些事情。

- 你们青春期的孩子选的朋友是谁？他们会引起麻烦吗？还是可以和一家人相处得很愉快？你们肯定不想他们毁掉家庭假日。
- 确保他父母知道你们和所有的假日安排，特别是如果你们要出国的时候，因为如果有什么事他们没法帮助他们青春期的孩子。告诉他们你们将会做什么，确保他们觉得都可以。另外，看看他们允不允许喝酒。如果他们不允许，但是你们一般允许青春期的孩子喝酒，也让你们的孩子不要喝酒，这样他们的朋友就不会觉得被遗忘了。
- 确保你们知道这个朋友的所有信息：任何健康问题，护照文件，他们喜欢/不喜欢的东西，过敏情况等。
- 确保这个朋友给父母打电话让他们放心，让他们知道现在和你们在一起。
- 给他们自己的空间。很明显，要让他们住在一起，让他们把它当作自己的私人空间。他们不会做什么事，因为你们就在旁边的房间里。

坦白点说，让一个青春期的孩子一个人待在家里或者让他们和朋友出去都不是什么好办法，但是如果你们计划很周全，和他们进行协商，确保你们知道正在发生的事情，每个人就都会受益，也会度过一个很开心、很难忘（因为一些好的原因）的暑假。

Teenagers Explained

Chapter 9 这是一个虚拟的世界

手机

手机现在很普遍，现在大部分父母都有（甚至祖父母也有，尽管他们不知道该如何使用），所以没有什么好担心或者烦恼的，对吗？

唉，实际上并非如此，因为一涉及我们，任何事情你们就会担心。

另外，即使父母使用手机，他们也不会用到和大多数青春期的孩子一样的程度。你们是否担心你们青春期孩子的手机已经永远粘在他们耳朵上了？或者担心那么多的短信会不会让他们脑袋爆炸？

我妈妈常常在短信结尾附上“亲爱的露西”和“爱你，妈妈”。她有手机，但还是用的黑暗中世界的术语。——露西，17岁

如果我们长时间没有带手机，我们会感到忧虑，这是真的。现在，带着智能手机，就不需要带着iPod（注：苹果音乐播放器）或者电话了：现在已经有了二合一的手机，这对处于青春期的孩子来说倍加重要。每个人都在说我们这一代怎么都沉迷于表面的东西，手机就是这种类型的代表：青春期的孩子看起来，并且大部分情况下，都沉迷于自己的手机。

我们知道父母可能因为发现他们青春期的孩子除了发短信给他们的朋友，其他事一律都不做，或者每隔几分钟就要看看手机而感到担心，但是你们一定要习惯一下。手机实际上对我们，还有你们的心智都有好处——相信我们。

手机不仅仅让你们青春期的孩子可以自娱自乐好几个小时，也让他们有种被关注感，因为有人花时间给他们发短信让他们觉得被需要，自己有价值。听到这个你们可能觉得很蠢，但是知道其他青春期的孩子——特别是朋友/男朋友/女朋友——想要和自己说话让人觉得很好。对于青春期的孩子来说，这很正常，或者至少我们这样觉得。如果我们没有电话，我们需要从你们那里获得同样的关注，你们真想这样吗?

我们没法想象没有手机的生活，但是父母关心一些安全的问题是正确的，所以我们将会努力不让你们担心。

行凶抢劫

很不幸，青春期的孩子抢劫最近在新闻上已经出现，想想青春期的孩子行凶抢劫同龄人的手机、iPod或者钱都让人觉得害怕。因为随着越来越多青春期的孩子有iPhone或者超贵的黑莓手机，行凶抢劫者有大的经济意图，所以这是鼓励你们青春期的孩子不要买那么贵的手机的好办法（尽管我们也怀疑这是否会有效）。父母有理由担心，但是如果你们给他们一些正确的建议，起码会让他们被抢劫的可能性大大减小。

1. 不要在拥挤的地方显露你们的手机，如果不在上等地方，不要乱晃你们的手机——这只会自找麻烦。

2. 天黑之后小心你们要去的地方，确保如果你们在晚上坐车，一定有人和你们一块。

3. 如果有人威胁，立刻把手机给他们，坚持你们的立场只会让你们受伤，最终也得交出手机。

4. 尤其在晚上，走快一点，不要在窄小的地方游荡，因为这些地方更容易让行凶抢劫者阻断你们和周围人的联系。

5. 如果你们觉得有人跟着你们，去有很多人的公共场合或者呼叫求救，让他们知道。

我知道有人在他们下车之后走回家的时候被抢劫。可能看到他打电话之后，有个男人跟着他，把他逼到了角落里，用刀威胁他。幸运的是，这个男孩很机智，立刻把手机给了那个人，之后自己安全地回来了。丢了手机让他很担心，但是他父母说手机难道比他还重要？！但是，他现在自己一个人坐公交还是很害怕，那次之后他有几周都没有坐，因为他担心那个男人不让他走。 ——露易丝

但是，这种情况很少见，他也是我们知道唯一一个被抢劫的人（我们住在伦敦南部地区！）。虽然光想想这种事情就让人觉得害怕了，但这并不是大部分处于青春期的孩子在日常生活中会碰到的事。尽管它会发生，这也没法阻止我们在公交上用手机。

当谈到手机的安全问题时，你们也应该承认手机带来的安全。在任何时候你们可以很容易地联系上他们——除了他们把手机调静音，他们有时候会这样做（这十分令人讨厌）……但是即使那个时候，你们也可以给我们发短信，因为我们每隔5分钟一定会看手机。如果你们青春期的孩子不回电，考虑一下他们忽视你们的电话的原因。当他们和朋友出去的时候你们是不是经常联系他们？或者没有什么理由就“检查”一下他们？那么，就

会出现这种情况了。

手机会杀死我们的孩子们?

这是最近在当地报纸上一篇文章的标题，对父母来说是很严肃的安全问题，因为科学家们最近发现用手机可能对18岁孩子的发展有潜在的危害。国家放射防护委员会的William Stewart在BBC上说“如果有危险——我们觉得确实存在——最容易受到影响的将是孩子——越小，受到的危害越大”。

这就说到现在7~10岁的青少年用手机定期给他们朋友发短信或者打电话的问题了。可能我们正在长大，但是我们也觉得那个阶段太小了。认真地说，在小学你们需要手机干嘛?

但是，没有确切证据证明用手机直接会导致有害影响，尽管卫生部建议父母不应该让孩子们用手机（但是记住我们已经不再是孩子）。

亚当·博格斯博士发表了一篇反对手机有害的研究文章。他说道，就他看来，“使用手机很安全。将来某个不知道的时间可能会出现不确定的危险，但是我们不得不权衡一下使用手机的好处和坏处”。我们完全同意这种说法。

我觉得说手机有健康危险都是胡说。严格一点来说，我们做的任何事都“对我们不好”。 ——丹，16岁

坦白地说，父母有权担心，但是我们要是没有手机还不如去死，所以正如博格斯博士说的，限制青春期的孩子使用手机（不让他们睡觉的时候把手机放在旁边等）就像不让他们有手机一样不现实。

你们的电话账单有多少？！

许多青春期的孩子沉迷于电话，确实如此。如果你们青春期的孩子不是自己付钱，而正好相反，那就是你们（父母）来付钱。我们一些朋友他们的电话账单很多——露易丝的一个朋友一个月花了200英镑，然后手机就被没收了。避免这种情况发生的最好方法是或者与电话公司达成使用限制（你们可以进行手机限制，这样如果你们的短信或者分钟数超了限制，手机这个月就没法用了），或者让你们青春期的孩子自己付钱。一旦信用卡没钱了，手机就没了——如果他们想要用自己的钱自己充值，那也行（但是你们会发现，当他们自己付钱的时候，他们的谈话会急剧变短）。

小贴士

对于一些智能手机用户来说，可以下载一些应用程序，来让手机账单更少一些。例如，Viber可以让iPhone和iPhone打电话和发短信都免费，Whatsapp可以让任何有这个应用程序的智能手机在英国和国际（多媒体）短信都免费。这就意味着你们可以有技术地让打电话不花一点钱。

监听手机

拿走手机：无论以哪种方式侵犯你们青春期的孩子都不是什么好主意——这也一定不会让你们做朋友。看他们的短信也不行。你们想让我们以后都不和你们讲话吗？

监听你们青春期的孩子的手机听起来很吸引人（你们可能觉得这是唯一能够做的），但这一定不能做。如果他们发现了（所有谎言和秘密最后都会被揭穿），一定不会原谅你们，你们会感觉到他们以后都不会相信你们了。

我发现妈妈翻我的手机，我完全被惹怒了。整整三个星期我都没有和她说过一句话，事实上，直到现在我都没有原谅她。

——索菲，15岁

想要知道我们在和谁联系更好的办法就是直接问我们。不要像西班牙审问一样问我们，进行一个比较友好的谈话，你们处于青春期的孩子可能会有所回应，和你们聊聊他们的朋友。

从我们的角度来看问题

在现代手机透露着你们的一切。一个手机不再仅仅是交流的必需品，同样也是一种时尚态度，你们必须要跟上潮流。你们的手机就好像一个地位象征一样，如果你们没有相对新的款式，你们就不酷了，这让父母很不理解。当父母是青春期的孩子时，他们周围没有很多新科技，你们看起来不能相信手机已经成为必需品。要清楚：砖块似的手机不再是酷的象征。另外诺基亚也不再是……

当你们青春期的孩子要求换个新手机，说因为他们的手机不再流行的时候，你们很可能不会给他们买新的，除非你们很有钱。但是父母需要尝试从他们的角度理解一下他们的观点。请不要只给你们青春期的孩子买一个很便宜的手机，而可以做一个中和。例如告诉他们，如果他们想要买一个新手机，他们需要自己买，或者为它付一定的钱。这就意味着他们将会意识到挣钱多难，以后可能就不会再问你们要了，除非他们对自己的手机十分不满意，在朋友面前都不好意思用。

梅根有一个LG牌子的手机，这个是三年前买的，虽然不是最新的款式，但是还是相当好的。相比之下，露易丝最近拿到了一个iPhone，已经想要了一年，现在这款很流行，还有黑莓手机也是。每个人都想要，但是因为它们太贵了，所以如果坚决地告诉他们“不行”，他们也不会觉得那么糟。

事实上，我们会因为朋友拿着旧手机而开他们玩笑，但是这不是什么大事，青春期的孩子不会因为手机而受欺负。

当我们理智地思考时，我们知道手机不是地球上最重要的东西，但是对我们来说，手机不仅仅是一种地位象征：它是我们的一部分。它为我们提供了一个自由表达自己的地方。听起来可能有点夸张，手机成为处于青春期的孩子身份的一部分，父母可能不理解，但是需要学着接受这个事实。

无论你们青春期的孩子去哪里，他们的手机都跟着他们。

所以，总的说来——父母应该做些什么呢?

1. 如果你们要给你们青春期的孩子买手机，等一等，直到必要的时候，即使他们抗议。在11岁的时候这很正常，这个时候他们开始上初中，因为，从个人角度来说，我们觉得在11岁之前有手机有点可笑。11岁的时候，由于安全问题，他们需要有一个手机，尤其是他们周末开始更频繁地外出，需要出租车服务的时候。

2. 如果你们给他们买第一个手机，不要给他们买你们能找到的最新最贵的那款。给他们买一款相对便宜一点的，就不可能会被偷，但是一定要确保他们会用——尝试找一个令人高兴的一款。

3. 规定他们什么时候可以用，可以用多久。不要让他们带着手机去任何地方，一定要有底线。这包括当他们还小的时候晚上收回手机，这样他们就不会熬夜玩游戏了。

4. 通过现付即用管理他们在手机上花的钱。给他们一定的钱，并且坚持这样做。如果这意味着如果他们需要的话，他们的手机费也不会增加，那么这是他们的错误而不是你们的错误，或者给他们足够贷款让他们打电话，这就行。

5. 如果你们青春期的孩子没有钱了，他们常常会让你们帮助支付费用。他们可能不知道怎样做，你们需要告诉他们。可以拨打08007383773，告诉他们想要拨打的电话和你的名字。然后他们会拨打你给他们的电话，然后让对方接受费用。一旦这样，就会联系到你们，然后也可以互相聊天。但是，记住，如果你们青春期的孩子真的这样做，将会花很多钱。那么当他们回来的时候，他们需要被训一顿，除非他们真的有不错的理由。

小贴士

注意一下你们青春期的孩子把钱都花在手机的哪些方面。如果花的比期望的要多很多，告诉他们少一点，要不然搜索一下更好的交易——有许多可行的方法。不要害怕讨价还价，因为许多商家发现他们的对手降价的话他们会降得更多，这很疯狂。

短信术语

最后，我们知道许多父母发现没法解密短信用语（尽管，坦白点说，这对我们来说很容易），所以，这里列出了许多常用的表达方式。现在，当你们处于青春期的孩子发短信的时候，你们就能够理解他们想要表达的意思了。

brb	马上回来
ttyl	晚一点和你们聊
u	你们
k	好的
y	为什么
b	是
wuu2	你们准备干什么？
wubu2	你们在干什么？
btw	顺便
idk	我不知道
tbh	坦白点说
imo	在我看来
atm	这时候
ngl	不要说谎
c	看
cu l8r	回头见
l8r	晚点
tly	我爱你们
lol	大声笑

ne	任何
nel	任何人
ppl	人们
r	是
lmao	笑死我了
rofl	笑得在地板上滚来滚去
ru	你们是?
thx	谢谢
g2g	准备走

电脑时间

就像手机不离手一样，我们另一只手可能一直在手提电脑或者电脑上啪啪啪按键。

许多父母可能觉得他们青春期的孩子上网的时间太多——但是多长时间是太多呢?

我一天上网6~8个小时。——佚名，15岁

我从学校回家之后一般会上一会网。通常仅仅是和Facebook或者MSN上的朋友聊聊天，有时候也看看电视节目。——卡莉，14岁

我们觉得许多青春期的孩子事实上都没有意识到自己在网上花了多长时间。当我们为这本书做调查问卷的时候，我们才开始聊花费的时间，结果确实有点可怕。

表面上看，在2011年，青年人每天在媒体上会花7.5小时，一周七天——如果把多媒体项目也加进来的话，需要10.75小时。

甚至我们自己都觉得这时间有点太长了。

即使我们知道在网上还有手机上花很多时间不是很理想，但现实是，这是我们这一代交流的方法。你们可能依然觉得不那么放心，但是我们至少并非漫无目的地盯着屏幕，我们相互交流。有时候我们甚至还会通过网上聊天谈一些很深奥的问题——不，真的，我们确实有这样做！

网上购物需要注意……

就像聊天一样，我们也会在网上购物。让人欣慰的是，这将会在你们的允许下才做，但是需要向你们青春期的孩子强调查看网站安全的重要性，因为现在有很多信用卡诈骗行为。我们知道的一个青春期的孩子从一个随机的网站上用她爸爸的信用卡买了一些鞋子，之后信用卡信息就被复制，那些人从他的账户上拿走了2000英镑……呃！

当然，我们上网还有其他原因，黄色书刊（特别是男孩子们）是最让父母担心的一个问题，但是你们不能（也不应该）阻止你们青春期的孩子在网上做一些事情——就像你们不应该监听我们的手机一样。

尽管互联网存在一些危险（见前面章节），但它确实有很多信息——许多青春期的孩子用它来寻找一些问父母会很尴尬的问题，这很不错（至少我们从其他地方获得了这些信息）。

如果你们真的担心，和你们青春期的孩子聊聊网络安全问题，但是确保你们一定能要了解足够多的信息（当谈到网络的时候，一般情况下青春期的孩子要比父母知道得多！）。

我妈妈被一些询问银行信息的邮件吓到了。当她告诉我的时候我都没法相信，我没有那么傻。 ——露西，17岁

沉迷网络

尽管我们承认青春期的孩子花很多时间玩电脑是不可避免的，但是一些青春期的孩子可能沉迷于网络或者在线游戏。

我弟弟每天从学校一回家就开始玩call of duty，如果我们出去，他几个小时都不能玩，就会很生气。我真的很担心他。

——董恩，16岁

可能很难说出沉迷与你们青春期的孩子普通行为的差别，但是如果你们青春期的孩子沉迷于网络，他们就会变得退缩，情绪化，同时也会变得叛逆。但是，最重要的是，游戏或者上网成为他们生活中最重要的事情（我们也承认这很糟）。如果你们觉得你们青春期的孩子沉迷了，从家庭医生那儿寻求建议。

社交网络

即使越来越多的父母有了自己的脸谱账户（很多让处于青春期的孩子讨厌），一些人可能觉得这一部分有点没意思，我们不会怪你们。在过去的5年里，社交网络得到了快速发展，变得很流行，总有一些新的网站产

生。即使你们有了脸谱，我们很确信你们一定没有微博客，对吧？（我们不是在挖陷阱，如果你们有，这就很奇怪了。）可能有一些父母可以接受社交网络，但是在某种程度上来说，可能更大一部分对此毫无兴趣。而另一方面，找出一个不知道社交网络的青春期的孩子（尤其是大一点的青春期的孩子），几乎是不可能的。通过LSE研究表明，在英国，88%的青春期孩子都了解一个社交网站——我们认为这和你们那个时候有点不一样，对吧？

所以，即使你们自己很擅长网络技术，想要追上你们青春期的孩子用的社交网站还是不可能的，因为他们常常改变，升级——敢打赌你们青春期的孩子一定用的是最流行的网站。但是，让你们了解不同的网站是有可能的，也能够知道怎样对保持安全提出最好的建议。如果我们觉得你们了解的比我们多，我们就会听你们的，除非你们读了这一章，要不肯定不可能。但是首先，我们下面介绍一些主要的网络。（如果你们觉得你们对这部分了解的很充分了，你们就可以跳过这部分）

Facebook（脸谱网）

你们可能听过Facebook的不同版本：我的空间和交友网站。

我们确定你们一定听过Facebook。如果没有，我们很感激你们从“原始社会”出来读这本书。Facebook是一个社交网站，有不同类型的成员，不同的年龄。一些非Facebook用户不喜欢或者开它的玩笑，但事实上它真的很不错——这就是为什么它会有750,000,000的用户。

在我们调查的人中，93%的人都用Facebook，实际上我们觉得不是百分之百的人都觉得有点奇怪。

一旦你们和某人成了朋友，Facebook可以让你们给对方发私信或者即时短信，写下对方的地址，通过你们所有共同的朋友都可以看见，还能评价对方的状态（常常是你们说/做的事）。Facebook用户还可能很容易照照片，发照片（你们签名的照片可以在你们的主页上显示出来），在现实生活中并不认识的人在网上成为朋友也很普遍，例如同一所学校的青春期的孩子或者你们在派对上只见过一面的人。大部分人都有上百个Facebook好友，他们并不是传统意义上的朋友。实际上，它变得有点像一个流行竞争。你们可能有时收到一些陌生人加你们为好友的信息，但是不一定要接受他们。追踪你们一点都不认识的陌生人一点都没有意思（追踪别人的谣言是Facebook的一大缺点），你们也不希望在你们的好友列表中看到很多不认识的人。

Facebook也相对比较安全。和你们不认识的朋友聊天几乎都不可能（只要你们的设置是正确的），如果某人让你们青春期的孩子有点害怕，它们能很容易对其进行限制。

另外，Facebook用户可以“喜欢”网页（尤其是某样东西的爱好者），加入群组或者创建新鲜事。现在大部分事情还有派对都是通过Facebook组织的，因为这比手写邀请信要更快更简单。

不请自来者

我们俩都没有（很幸运）经历过有一些不请自来的人闯入Facebook派对的经历，但是这不意味着就不会发生。好消息是很少会出现这种情况。

我朋友的姐姐在他们父母不在家的时候举办了一个派对，有一大群男孩子闯了进来。她没法让他们离开，最后不得不叫

警察。一个很蠢的女孩在她的Facebook上的状态中说到了这个派对，甚至在评论中还写出了地址！ ——克里斯，16岁

我曾经在一个没有被邀请的派对中出现。但是我们没有制造麻烦。我们在网上看到了这个消息，觉得如果我们不请自去的话很有趣。 ——凯勒，17岁

即使你们青春期的孩子可能对你们给他们关于Facebook的建议不怎么愿意接受（你们可以让堂兄妹或者弟弟/妹妹时不时地说一说），一定要确保他们知道他们在网上组织一个任何事的时候做到：

- 要保密（只有朋友能看见）
- 要封闭（只有组织者能邀请其他人）
- 不要写出全部地址（无论是事情还是你们的个人联系方式）

最后，由于智能手机的使用，另一个在Facebook上越来越流行的是“定位”：通过Facebook应用程序，你们能选择你们的地址，发布你们最新的动态消息（例如“大卫·卡梅伦——唐宁街10号”）。你们可以想象一下，这需要敲个警钟，因为对于追踪者来说很方便。

捆绑或者Facebook抢劫

如果你们青春期的孩子很不明智地离开时没有关闭他们的登录页面，他们的朋友可以把他们的状态修改成一些搞笑的状态（一般也很不合适）。尽管没有什么伤害，但是有时真的很讨厌。

有次我不小心离开时没有下线，一个男孩把我的状态改成我怀孕了。在我的Facebook上有很多家人，所以之后很长一段时间我都因为这而痛苦。

——莉莉，15岁

作为父母，对于这点你们毫无办法，但是如果你们知道你们青春期的孩子很敏感，需要告诉他们上述故事，强调离开时下线的重要性。

小贴士

提醒你们青春期的孩子检查他们Facebook的设置，因为当地址更新时，它们可以改变。除了他们已经作为朋友的人，其他的人还能看它们的属性。

你们在Facebook上可能会担心的：

- 和恋童癖者或者强奸者成为朋友：这个很少发生，因为他们首先需要被加入你们的朋友列表。除非你们见过他们，一次也行，要不然不要随便加他们。否则你们不知道他们到底是谁。然后，一旦加上，如果你们青春期的孩子有理由要特别注意他们，你们可以直接限制他们，这样他们就再也看不到你们的监控——就这么简单。
- 个人设置：如果你们担心，可以要求检查一下。他们不会生气；事实上，他们可能因为你们也那么了解Facebook而印象深刻。我们在学校经常聊天，所以很容易知道每个人应该怎样保护自己的隐私。

- 和你们在Facebook上认识的人见面：因为你们只是加新好友，很有可能你们原来见过他们（或许在一次派对上或者做其他事情时）所以他们不会一夜就变成坏人。（你们一定这样希望）
- 网络欺负行为：如果发生这种情况，你们可以把它报给Facebook监控人员，这样欺负者的属性可以被移除。或者，你们只需要限制他们不要和你们说话，这样他们就不能欺负你们了。但是因为你们只加你们的朋友，所以在Facebook上不应该会发生这种现象。

如果所有都失败了，可以为你们自己在Facebook上做一个简历，发现社交网络的好处。你们甚至可以和原来学校的老朋友取得联系，如果你们非常幸运，你们青春期的孩子甚至可能会接受你们为好友！但是，如果他们不想和你们成为朋友也不要生气。他们有权有一些隐私，这样做不意味着他们有什么要隐藏的。尽管这可能成为你们的第一疑问，但没有什么好担心的。青春期的孩子不想让父母看到他们生活的每个部分，Facebook是他们想要和朋友分享的东西。

Twitter（推特）

现在在青春期的孩子中更流行的是推特，这是一个由用户发送简短更新的网站——少于140个字符——被叫做“推客”。如果你们理解Facebook了，那么它就是由Facebook状态组成的网址。通过推客也可以发图片或者视频。通过推特，可以获得最新的一些节日动态，第一个可以知道快要来临的节日活动。

我关注着斯蒂芬·佛莱（注：英国演员）、贾斯汀·比伯（注：音乐王子），蕾哈娜（注：女歌手）还有女神嘎嘎（注：欧美流行音乐天后）。

——萨拉，17岁

推特是很棒的发送简短信息的平台，因为人们在任何地点，只要有信号，就可以通过手机在几秒钟内更新自己的推特。在伦敦2011年8月大暴乱的时候，每两秒钟就有20个新的推客信息，因为在那块的人可以及时报告情况。即使警察都通过这个信息来帮助他们寻找最需要救助的地点。

如果你们担心你们处于青春期的孩子在网上的安全，你们可以鼓励他们在推特上设置一个保护锁，这样只有他们通过认证的人才能看他们主页。

什么是“时髦”话题?

你们可能听到过“【这个还有这个】是推特上的时髦话题”。这就是说一些短语或者词在推特中出现的次数很多。基本上，这暗示了那天在推特上流行的东西，这可以从你们的城市、国家或者世界来设置。

对于推特你们可能会担心：

- 谁能够看到我的青春期孩子的信息？除非你们青春期的孩子有隐私锁，要不然每个人都能看到。但是，因为没有透露太多个人的信息，没有想的那么糟。在推特上，你们都不需要用自己的真实名字；你们可以说说你们在哪里，正在做什么，但是推特主要被用来传播或者听听小道传闻——常常是名人的传闻。
- 和在线的某人见面：你们不会和在推特上认识的人见面，除非你们在现实生活中认识他们。没有什么个人的信息会一块分享，青春期的孩子们没有那么傻，他们知道其他人可能是任何人。但是如果他们决定要见面，他们知道不要一个人去，并且选择在公共场合见面。

- 在推特上进行网络欺负行为是很难也是很蠢的，因为每个人都能看到你们的推特。有可能发生，但是真的微乎其微，我们从来没有听说发生过这种事情。

YouTube（视频网站）

YouTube让任何人都可以看到其他人在网上发布的视频。听起来让人难以置信的开放，是吗？因为它就是这样的。从音乐视频，化妆视频，到喜剧视频，在YouTube上都可以找到。

任何令人不快的视频都会被视频社区标记并且取消（任何色情视频都不允许）。如果因为担心他们会用YouTube看一些不好的东西，所以禁止他们使用YouTube，这样做很没用，因为如果他们真的想看一些东西，他们可以用谷歌搜索，YouTube非常严格，不会播一些不合适的内容。

即使你们尝试禁止，如果你们青春期的孩子想要继续，他们将会找到一些办法，因为父母的设置不是很难处理，特别对大一点的孩子来说。如果你们青春期的孩子还很小，而且个人设置就像你们在亚马逊或者电脑世界设置的一样，他们可能没法解开。除了这个，你们不得不接受它，除非你们计划每次他们上网的时候都一直盯着他们。

你们甚至不需要YouTube账号都可以看视频，这就意味着你们青春期的孩子不会和其他人有联系，即使他们发布一些视频也不会出现这种情况。在这一方面，YouTube比其他社交网站要更安全，因为大部分人都不会上传视频。

但是，有一些人也有YouTube账号。这样，用户可以评论视频，发信息，评论“最喜欢”“喜欢”或者“不喜欢”视频。YouTube也可以让他们上传自己的视频，因为视频博客已经很普遍了。这可能听起来有点吓人——“全世界的人都可以看到我孩子的样子！”——但是在所有发布上传的视频中，很可能很多人的视频都不会有人看。

关于YouTube你们可能会担心：

- 网络欺负行为：有些人可能对发布在网络上的视频很无礼，发布很糟的评论。例如丽贝卡·布莱克的歌曲“Friday”，曾因被称为史上最难听的歌而出名，也有人给她发了很多表示讨厌的邮件。因为人们都是匿名的，只能看到用户名，所以他们想说什么都可以，这样，如果你们青春期的孩子在网上发布了一个视频，确保他们可以承受任何可能出现的好或者坏的评论，无论什么都能默默忍受。就像其他网址一样，禁止你们青春期的孩子不要在YouTube上传视频是没用的，这样做只会更坚定他们的信心。只需要确保他们意识到可能也会出现像丽贝卡的情况，不要因为太多侮辱而三天不上学。
- 和在YouTube上认识的人见面：因为你们事实上并不会和YouTube的个人聊天，这样也不会认识其他人，所以不可能发生这种事情。

不要追踪你们青春期的孩子的账户；他们会把这看成一种干涉，这种行为不会给他们留下好印象。如果他们第一次决定在YouTube上发布视频，他们应该已经意识到任何可能出现的后果。

Tumblr（微博客）

微博客是2011年在英国开始流行的网站。刚开始听起来很让人迷惑，但是一旦你们熟悉了它的用法，就会觉得很简单。这是一个开放的博客网站，人们不是在这里发布短消息，而更普遍的是发布图片。人们在自己的网站上发布图片、消息或者视频，其他用户可以转发，这样这些信息就在其他人的网站中出现了。用户可以“关注”其他用户，这样他们就可以获得对方主页最近的更新，主页也叫“dashboard”（注：首页）。你们的微博客页面可以根据自己的爱好偏向选择布局还有背景（也叫“主题”），也可以选择添加或者不添加音乐。

一些处于青春期的孩子的微博客很私密，常常会有密码，但是大部分微博客都不是原创的，一般都是由转发的图片组成的。微博客在青春期的孩子中非常流行，因为许多其他用户和他们有共同的兴趣爱好。例如，如果你们青春期的孩子喜欢某位歌手，在微博客上有许多其他人会发布一些这位歌手的信息，这样就可以使他们互相联系起来，和有相同爱好的人一起聊天。在微博客中碰到的人在现实生活中成为朋友很平常（在网上见面之后更多）。

小贴士

和微博客类似但是没有那么流行的网站有：Wordpress，Blogspot和Xanga

关于微博客你们可能会担心：

- 如果你们青春期的孩子要发布个人信息，确保他们设置了密码，这样只有那些知道密码的人才能看到，这样会让微博客更像网上日记。
- 微博客见面现在很流行，人们常常参加一些派对来与他们在微博客中追踪的人见面。但是在我们看来，这相对比较安全，因为人人都在同一条船上（例如他们原来也没有见过面），但最好还是不要一个人去。我们知道许多人参加微博客见面，没有什么问题就交到了很多很不错的朋友（但是，一定要依据下文中提到的见面注意事项行事）。

- 网络欺负行为在微博客上可能发生，但是可能性很小，因为大多数人仅仅是发布一些他们自己做的各种有趣可爱的图片，例如在沙滩上或者学校等。如果的确发生了，不要再关注这个人就可以了。如果事情变得更糟，通过向微博客支持人员发邮件来报告这种事情，但是这个没有像其他网站那样简单。阻止任何消极评论或者欺负行为最简单的方法就是完全不用微博客，因为这样你们将会再也碰不到微博客上的大多数人，如果你们这样做了，你们可以向老师或者其他认识这个人的人说明这件事。

Formspring（匿名发言网站）

Formspring是一个任何进入他们页面的人都可以问用户问题的网址，可以选择匿名问问题。尽管制作意图是好的，但很明显，匿名的选择可以让人们在网站上行使欺负行为。一旦回答了问题，就会在个人主页上显示出来。

人们常常会被问到他们是不是同性恋，或者为什么长那么多痘痘，为什么那么胖，或者一些很私人的问题，例如他们和其他人有没有发生过性关系——因为都是匿名问的，所以你们也不知道谁想知道这些问题。

在Formspring常常会有许多小道消息或者谣言，一般的匿名问题常常问关于性史的问题，大家不喜欢谁，或者是否一些谣言是真实的，等等。也可以用来发布一些伤害人的评论，可能严重损害你们的自信。

在我们学校，有时候会有一些针对某些女孩的网络欺负行为。他们直接向学校报道了这些事，之后学校就关闭了这些网站，并做了一份简历，这样他们就可以确保没有人在网站上会被欺负，我觉得这个主意很棒。

——梅根

我们相信你们知道Formspring没有那么流行会很开心——这只是一时流行的狂热——但是如果这种事情发生在你们青春期的孩子身上，告诉他们关闭他们的Formspring网址。这没有什么难的，立刻就可以解决。曾经在我们学校发生过类似的事情，大家都不理解为什么卷入这些事情中的人为什么不立刻关掉网页，因为这是最好的办法。尽管我们知道它可能很有害，但是你们青春期的孩子还是想用，想一想，他们不应该离开——应该离开的是那些侮辱他们的人。

关于Formspring你们可能会担心：

- 网络欺负行为：就像上面提到的，这是一个很严重的问题，如果发生了这种事情，应该报告，你们青春期孩子的Formspring网页要关闭。人们可以问他们想要知道的任何问题，这些问题有时候很冒犯人，很侵犯人。更糟的是你们不知道谁问了这些问题，如果发生了什么事情，人们也不怕骂你们。这里有一些例子，有可能被问到“你们为什么对Catherine那么坏呢？”或者“你们在Fay的派对上打Luke了吗？”甚至更过分的问“你爸爸应该去死。为什么不呢？”会有很多非常恶意的个人问题，如果你们注册这个网站的话，你们应该做好面对这些的准备。

Skype/MSN（网络电话/即时通讯软件）

网络电话和即时通讯软件和上面提到的网址不一样，因为它们是应用程序，而不是网站。在这些程序上，你们有邮件地址或者一个注册号，人们可以加你们。一旦你们接受了他们，你们就可以通过打字，语音或者视频和他们聊天。这就意味着如果你们发现你们青春期的孩子对着电脑说话，就说明他们在用Skype，并不是疯了。用这些程序也可以群聊。把这当成一种恩赐吧——想想你们可以节省多少电话费！

我们认为这些程序比其他社交网站更安全，因为除非他们有你们的注册号，要不然他们没法找到你们。即使这样，如果有陌生人加你们，或者有人表现得有些奇怪，需要花点时间阻止或者删除他们。

关于Skype/MSN你们可能会担心：

- 知道你们青春期的孩子在和陌生人聊天可能让你们很担心。这些人可能是他们在其他网站上认识的人，选择用网络摄像头聊天。如果你们青春期的孩子通过网络摄像头和别人聊天，不要认为这样做不合适——和某人面对面的聊天感觉更好。相信你们青春期的孩子不会和网上的朋友做类似的事情，因为他们也不会和他们的一般朋友这样做。

论坛/聊天室

论坛是针对有专门爱好或者相同事情的人而建立的。包括一种音乐类型，录像游戏，电影特效，化妆或者美女，不同名人，健康和健美等等。也有一些论坛涵盖了所有的兴趣。用户可以针对所谈论的兴趣谈论不同的话题和相关事情，在网上也可以交朋友，认识其他人。

在论坛上可能会透露很多的个人信息，因为你们会和别人说很多自己的事情和观点。但是，这是一种与喜欢相同事情的人聊天的好途径，尤其是在你们不能和你们的对它没有兴趣的朋友谈论它的时候。

关于论坛/聊天室你们可能会担心：

- 恋童癖者：这个很少见，你们应该相信你们青春期的孩子知道什么信息可以透露，什么信息不能透露。所以和他们聊天的时候，向他们解释把一些信息放在论坛中可能造成的影响。这样可以让他们在说出自己的信息时再三考虑一下，但是这类话题对于你们双方来说都是尴尬且可怕的。
- 与从论坛上认识的朋友见面会有危险，但是如果你们青春期的孩子遵从我们随后说到的注意事项就会很安全了。

聊天轮盘（注：随机视频聊天网站）/Omegle（注：和陌生人聊天的web产品）

这种类型的网站很陌生，从父母的角度很难理解。在这些网站上，你们基本上都在和另一个人——一个陌生人——或者通过信息或者语音电话聊天。你们可以通过轮盘随机选择和某人聊天。现在也没有那么流行了，但是一群朋友常常会用这个玩闹一下来度过一段时间。我们告诉过你们这真的很陌生。这类型网站的问题是你们可以与任何那个时候在网上的人聊天，确实有一些很古怪的人。

所以很明显，这些网站不是那么安全，但是这些网站的关键是不要把它看得太严重了。你们不会给对方任何个人的信息，当你们厌烦/害怕他们时，你们只需要点击一下“下一个”。是的，青春期的孩子确实就是这样做的。一般这样做是因为青春期的孩子觉得烦了：没有什么事情可做，电视上没有什么好看的，所有的DVD都看完了，所以他们还能做什么呢？上这种网站，这就是原因。如果父母让他们觉得很开心，他们就不需要上这种网站，但是让一个青春期的孩子高兴很难（如果他们有朋友过来家里，出去给他们买点新的DVD和一些甜点，或者买一个新的微软游戏机——最基本的是让他们有事可做）。

关于聊天轮盘/Omegle你们可能会担心：

- 恋童癖者或者不宜资料：你们不知道你们在和谁聊天；可能有些人做一些不宜的事情或者一些怪人尝试引诱你们。这种网站很危险，因为你们在和完全陌生的人聊天，但是如果他们有点古怪的话，你们可以不和他们聊下去。但是，你们会遭遇不必要的事情，所以对于较小的处于青春期的孩子来说不合适。

通晓

现在你们应该了解了许多主要的网站和它们的目的，而不是只有一个模糊的理解。尽管一些网站比其他会安全一些，你们青春期孩子的安全和隐私完全取决于他们实际上怎么使用这些网站——这就是为什么需要宣传一些好的互联网习惯（但是记住说教对你们一点好处都没有）。

不要自找麻烦禁止他们使用

你们需要知道，如果为了保护他们尝试阻止他们使用这些网站，常常会收到相反的结果，除非你们已经把他们教育得非常听话。你们家不应该成为一个独裁的地方。例如阻止他们玩Facebook只会引起许多争吵，很可能随后他们就会注册。如果允许你们的孩子可以自主地注册这些网站，他们更有可能告诉你们他们在网上都做什么。尽管听起来可能会觉得太小，但是13岁对于孩子们说是一个加入社交网站很普遍的年龄。

记住这种事情是现在这一代的第二天性。

小贴士

如果你们很担心，有很多官网为青春期的孩子互联网安全提供有益的信息。

交流!

不要尝试控制孩子对互联网的使用，相反，最好的事是确保他们很理智，对互联网和他们在网络上可能碰到的人不是那么无知。不要让他们觉得很害怕，确保他们知道在网上有很多危险的人，就像现实生活中的“陌生人恐吓”一样。不要太过分，但是让他们知道如果什么事情让他们担心的话，可以告诉你们，你们也不会生气（即使你们会）。坐下来和他们谈谈危险，但是记住这类事情可能在学校他们就已经知道了。刚开始，你们可以问问他们平时看些什么网站，他们自己是否知道可能会碰到的危险。当他们回答有哪些网站，他们如何做来避免危险的时候，你们要认真听——你们青春期的孩子可能因为一些人声称自己是谁谁谁但实际上并不是而有所警醒。不要一开始就进行安全问题教育，因为你们青春期的孩子不会听，他们从来都不会接受说教，所以和他们正常地聊聊天。问问题是一种确定他们在听你们讲话的好方法。确保自己关于这些网站都知道得很清楚也有很重要，所以好好读读这一章，要意识到有哪些问题，在和你们青春期的孩子聊之前想好怎样反驳他们。如果你们表现得很无知，他们很可能不会和你们好好聊潜在的危险。

“监控”他们在网上都做什么

这不是说要在他们上网的时候一直站在他们后面。只需要注意一下他们什么时候在网上花的时间过长，和现实生活中的朋友交往变少或者他们对在网络上做的事情保持秘密。不要强硬地问他们都在做什么，因为你们知道一旦你们进入他们卧室，屏幕一定会变。再一次，你们必须相信他们没有做什么坏事。鼓励他们定期出去休息一下（因为健康的原因一定要这样），和他们现实生活中的朋友出去玩玩，但不要什么附属条件。如果他们不同意这个，就告诉他们你们会关闭WiFi半个小时。

和陌生人见面

现在很流行的一件事就是和网上认识的人见面。可能是在论坛上，微博客上或者Facebook组织的一些事上认识的人。这也是父母最害怕的事，但是这常常发生。

如果你们青春期的孩子想要和网上的某人见面，不要自动就联想到可能是狡猾的恋童癖者或者禁止他们出去。他们可能会说谎，无论如何都要出去，如果那样的话，你们都不知道他们到底去哪里了。相反，你们能做的就是在家不断地告诉一些他们重要的注意事项。

- **地点很重要**。确保他们和他们的朋友在繁华的公共场所见面。例如，露易丝第一次见她网上的朋友是在特拉法加广场。当她妈妈发现她已经出去见网上认识的人时，都快疯了，开始列出所有可能发生的事情。当她开始意识到露易丝没有那么无知，都知道所有可能的危险时便慢慢平静下来。

- **数量上的安全**。见一群朋友比见一个朋友要安全。这样，没有哪个人认识彼此，所有人都会有点紧张。同时这也会让事情没有那么让人害怕。你们青春期的孩子甚至可以叫朋友和他一起去。
- **知道他们在哪里**。知道你们青春期的孩子在哪里，计划什么时候回来，这些都很重要。如果你们让他们出去，他们就更愿意和你们说这些信息。
- **充分了解事实**。对他们要见的人，你们处于青春期的孩子了解多少？他们能够看到他们所有Facebook的历史吗？他们是语音聊天还是曾经看过对方的照片？确保他们对要见的人有信心。

尽管你们青春期的孩子需要注意保持安全，但是和网上的其他人见面现在很普遍。露易丝已经在现实生活中见过网上的朋友，之后又被介绍给朋友的朋友，这样继续进行。让你们青春期的孩子和与他们有相同兴趣爱好的人见面是不错的方法。只需要足够明智，能够辨别什么是真实的，不要太天真。

最后，需要记住的是社交网络的好处。通过微博客，公众可以找出关于伦敦大暴乱的最全面的信息。互联网占据了现在每个青春期的孩子生活的很大一部分，所以你们应该尝试理解这一现象。如果其他都没有什么作用，为你们自己创建一个新的账号，（尝试）和你们的孩子在Facebook上成为朋友。

Teenagers Explained

Chapter 10

SOS：学校的压力

我们都知道你们想要给孩子最好的，但是你们曾经想过这种压力会怎样影响他们吗？尽管你们可能认为谈到他们的教育时，你们青春期的孩子没有很有压力（甚至取笑这种想法），相信我们：每个人在学校都会经历一些学业压力——即使他们看起来不像那么“学术”。

名列前茅的同学有成为“第一”的压力；中流的学生感觉需要努力不仅仅是“正常/平均”；而剩下在学习上挣扎的学生追着赶着不能垫底。压力可以来自不同的地方：

- 想要学生成功，完全发挥他们潜能的家庭和老师
- 比他们同龄人更出色的朋友们
- 处于青春期的孩子他们自己，因为他们能感觉到不时的要和他们同龄人一样甚至更好的压力（没有人愿意自己被看成他们社会群体中“笨的那一个”）。

随着媒体报道说考试越来越容易（一点都不是！），大学越来越被过量预定，找工作越来越难，青春期的孩子在学校有很大的压力，要在学业上做得更好，这还用怀疑吗？

在学校，每个决定都被说成是会改变命运的决定。你们的中等教育考试可以一分钟决定你们的将来，以后都不重要了。——西蒙，16岁

最主要的是，如果我们没有得到想要的成绩——或者结果比不上我们的朋友——我们常常会觉得自己失败了，让自己和其他人都失望了。

但是，仅仅因为起因是善意，不一定意味着中等学校的学生一定可以保持工作和社会生活的平衡……

唉，我的青春期的孩子一点也不关心学校

尽管对于我们还有很多朋友来说，有压力、要做得更好是我们在学校最关心的事，但是我们也知道很多青春期的孩子一点也不关心分数，事实上一周都几乎不上一节课。

事实上我们对这些青春期的孩子的父母表示抱歉，因为就像我们知道学校成绩多么重要，你们知道你们青春期的孩子对学习一点都没有兴趣时多么沮丧。

根据我们的经验，一般情况下对学校漠不关心都有一定的原因，如果知道作为父母的你们可以帮助他们，你们一定会很高兴。首先，我们来解释一下潜在的问题。

- 任务太具有挑战性了：处于青春期的孩子绝对讨厌觉得自己很笨，所以如果他们学习很困难，他们可能就选择不去学校或者让人觉得“我不在意”来挽回面子。“我做不了某事，是因为我从来没有去学。”基本上，他们试图让人们觉得这是他们的选择而不是因为没有能力。
- 任务太简单：在另一方面，如果处于青春期的孩子们没有动

力——尤其是男孩——他们会失去兴趣，甚至有些人，即使他们很聪明，他们也不会尽全力。

- 受欺负（或者与朋友们发生矛盾）：如果你们没有和同龄人相处得很好，学校任务可能是你们最后才会关心的事，你们一定会逃课。

所以我们现在可以把注意力放在解决方案上。

- 和你们青春期的孩子老师保持联系（所有科目的老师），确保他们没有落下或者被遗忘（或者有压力）。

- 使用一种奖励机制：有些青春期的孩子想要做得更好，可能只是因为自己的骄傲或者让他们父母开心，但是对于许多青春期的孩子来说这是不够的，金钱的奖励可以提供一些必需的动力。

- 和你们青春期的孩子谈谈换学校的可能：如果他们不是懒，而是不开心，可能需要换换学校，这可能才是他们真正需要的。如果他们“在学校很受欢迎”，一定不想换学校，可能很快会振作起来。

- 最后，发展积极的兴趣：可能会花点时间，但是你们必须坚持给他们一点压力，检查他们的出勤率，等等。这会让他们生气，但即使我们也同意，在这种情况下，这样做很有必要。

优先权的问题

现在，尽管大部分青春期的孩子都想学习表现得很好，但是众所周知，青春期的孩子在选择学习还是社交生活的时候还是做得很糟。

孩子觉得周五晚上做数学题与参加派对相比来说太没意思，你们不应该觉得失望。尝试让他们先做作业只会挑起一场你们必输的战斗，所以首先你们应该避免争吵。但是，也有很多方法可以帮助你们青春期的孩子处理他们的社会工作，发掘他们的潜力。

我在组织时间方面做得很糟。我的作业在周日凌晨2点之前不会做完，因为周末都出去玩了。 ——安娜，17岁

我们建议你们要做的第一件事是学习唠叨和鼓励的不同之处。是的，差别可大了！

唠叨和鼓励

当谈到处理学校作业的时候，鼓励你们青春期的孩子是你们可以帮助支持他们的主要方法。不时地说一些有动力的话和自我表扬的话，效果非常好。当他们很懒，想要推延功课的时候，你们也需要在旁边，提醒一下他们现在做的事情的重要性以及在最后期限之前完成多么必要。

你们可能会想，“对啊，我们就有许多都听腻了的唠叨。”但是，事实上，我们期望至少你们有点变化。但是，这有一条界线，如果你们跨过去了，你们就在干涉我们，让人很烦（在你们青春期的孩子眼中）。

怎么样鼓励而不唠叨

例如，你们的孩子要写一篇英语论文。过段时间进来他们卧室，看看他们的进度，问问他们是否需要什么东西。这样让他们觉得你们对他们做的事有兴趣，但又不会让他们觉得很有压力。但是，如果每隔20分钟就进来，问他们写了多少字，一句一句地分析他们写的论文，这就太过了！同样不断地进来或者询问，“你们在做什么？”“在学习吗？还没有做完吗？！”都让人烦透了。

在我做作业的时候，妈妈一定不会让我一个人待着，她总是给我拿点吃的东西。

——赖安，15岁

有时候，处于青春期的孩子可能会有点懒，但是我们没有那么笨（为什么我们觉得我们说这个已经说了很多次了？我们遇到的傻瓜一定比我们意识到的多）。即使我们推迟做某事，我们知道必须要完成——你们不断地提醒我们只会让我们生气，很容易引发争吵。

我故意到了最后才做作业，就是想惹怒我妈。

——亚历克斯，15岁

不断地指出了我们“应该”已经完成某件事没有一点用。我们可能因为没有在一个恰当的时间完成数学作业而后悔，尤其是我们现在不得不在星期三晚上11:45还做作业时，所以我们不需要父母生气说我们应该早点完成。

如果你们能给我们一个时光机，那可能很棒，但是我们严重怀疑你们能不能做到。相反，指出学习这么晚的消极影响（睡得更少——对我们很重要），同时说一些白天做作业的积极方面（作业质量更高）。把这当成让你们青春期的孩子从自己的错误中学习的机会，他们第二天早上早起之后就会很快觉得后悔了。

参与（对，真的！）

另一件你们可以帮助他们学习的事，是积极参加学校提供的帮助父母了解情况的各种活动。这就意味着参加每一次家长会和父母之夜。这样做，你们可以保持和学校交流的开放，所以你们就会发现现在的情况如何。因为猜猜为什么？处于青春期的孩子说谎了！

另外，对他们学习的东西保持兴趣。如果他们觉得你们在意他们在学校做的事情而不仅仅是学习和分数，他们就更愿意和你们聊天。所以听他们说午餐时候听到的流言或者很蠢的老师吧。

经常记录你们青春期的孩子的学校报告。这是他们在学校做的怎么样的很好证明：他们在哪些方面很棒，哪些方面会吃力一点。

小贴士

处于青春期的孩子会感激你们的帮助，尤其当他们还小的时候，所以检查他们的作业，回答他们的问题对他们来说真的很有帮助。

确保你们不会以他们的学校报告为依据，因为他们某些做得不好或者吃力的地方而借此机会朝他们大叫，让他们走。以此为机会，和他们谈谈他们觉得学校怎么样，进而比较一下和老师们了解的情况的异同。

我在学校报告中一直都做得不好，但这不意味着我没有努力。

——乔什，14岁

如果你们的孩子有点忧愁，或者没有发挥他们的水平，你们可以和他们的导师谈谈学校怎样可以帮助他们，但是确保在你们这样做之前已经和你们的孩子商量过了——你们一定不想做一个令人尴尬，强制干涉的家长。

如果你们很明智，让它听起来更像你们青春期的孩子的主意，因为这样他们会高兴地接受它。

有时候，需要花更多的5分钟来弄明白科任老师和你们说话的意思。如果确实如此，可以重复告诉你们青春期的孩子不是每个人都是天才，但请求帮助或者如果需要，要求老师慢点讲也真的没关系——毕竟，这就是老师应该做的事。

小贴士

即使你们回答不了他们的问题，通过校对他们的论文确保他们言之有理，或者测试语言课的词汇，也会给他们很大帮助。

说谎

如果你们觉得有些不对劲，查看你们青春期孩子的出勤率是很不错的方法。确保他们没有翘课，除非他们快要死了，要不然不能让他们待在家里。你们可以打电话给学校大概问一下情况，之后和你们了解的情况做个比较。

所有的青春期的孩子都有一种内在的编造任何你们能想到的疾病的能力，这样就可以不去学校，特别是当他们没有完成当天应该完成的作业时，我们一点都没有夸大事实。在这些情况下，你们一定不能屈服，除非你们想让这种情况一次又一次的发生。另外，咳嗽不能算是生病！确保他们清楚你们认为的疾病是什么：呕吐或者下不了床可以休息一天。觉得不舒服或者头疼还得去学校，如果情况没有改善，他们应该由护士陪着回家。一定要坚持原则，要不然你们青春期的孩子会觉得你们很容易被说服。

出勤率也包括迟到，青春期的孩子常常会出现这种问题。但是迟到一般会让老师很生气，许多青春期的孩子没有意识到如果他们迟到的话可能会有大麻烦。虽然让人讨厌，我们需要一些强制措施让我们准时出门。

我认识一个女孩，她在一个店里上班，因为她常常迟到，所以遇到了麻烦。毕竟，哪个老板会雇佣不能准时上班的员工呢？

——艾玛，16岁

小贴士

梅根妈妈有一个规定的时间表，这样他们什么时候应该准备好就很清楚，他们知道要遵守它。甚至她们出门的时候她都会倒数计时。

如果在你们青春期的孩子离家上学之前你们必须要上班去，除了保证他们至少起床了，其他你们什么都做不到。你们应该夸大你们相信他们能够准时出门。令人欣慰的是，觉得你们对我们有信心会鼓励我们，如果不行，威胁说会联系学校检查我们（我们讨厌任何让我们觉得自己像小孩子的事，所以我们很可能会准时到学校来避免这样！）。

当和你们青春期的孩子聊天的时候，需要向他们强调在青春期做的事情可能对他们之后的生活形成重大的影响，包括积极方面和消极方面，这会引导我们下个关键点做得更好——如果我们自己真的这么说了。

如何让你们青春期的孩子学习

鼓励青春期的孩子做任何与学习有关的事情的最好方法，是强调如果我们失败或者没有做好会产生的影响。无论是成为一名音乐家、律师、机械师还是其他，所有青春期的孩子都对他们将来会的职业充满梦想和信心。尽管青春期的孩子可能希望所有事都有别人替他们准备好，但是事实真的不可能这样，指出不努力学习他们将会一事无成是父母的责任（无论我们多么不想听这句话）。

处于青春期的孩子最想做的工作（这会让你们惊讶！）：

- 医生
- 兽医
- 律师
- 老师
- 记者

更重要的是，你们需要举一些例子，表明学习成绩如何影响我们事业发展，这些我们可能会联想一下，现在就应用于实践中。例如，假如你们青春期的孩子在一组历史小论文中做得非常糟。但是，这些小论文可能是一学期最后历史成绩的一部分，很有可能让他拿到C而不是他们有可能拿到的A。给他假设如果以后老板看他和另一个潜在雇员的简历，两个人唯一的差别就是另一个得了个A，谁会被选上？答案很明显。

这种方法能够很有效地让青春期的孩子意识到现在好好学习的重要性，因此会鼓励他们好好完成作业，而不需要你们不断地和他们强调。这样做对你们青春期的孩子将来的发展也有好处：这会让他们更有决心，因为他们会觉得自己积极地工作是为了以后的生活，而不再是完成学校的一个任务。

现实一点的期望

最后，你们，作为父母（不仅仅是青春期的孩子），需要有一个正确的态度。你们需要承认你们青春期的孩子像其他任何人一样有优点也有缺点，所以他们学业上可能不会是最好的那一个。尽管当然他们仍然会成功，对你们的儿子或者女儿有一个现实一点的期望是很重要的。如果你们青春期的孩子和班上其他大部分同学的水平差不多，建议他们发展成为火箭科学家或者脑科医生的事业可能不是你们能做的有用的事。

我妈妈爸爸经常期望我得A，即使他们自己都没有做到，我觉得对我来说是加倍的标准。如果我得了个C，他们会很失望，我自己觉得更糟。

——爱拉，17岁

每个孩子都是独一无二的，他们有不同的学习能力，所以将会取得不同的成就。你们能做的最重要的事情是一直在他们身后，支持他们完成学业，如果他们很努力，尽全力学习，无论他们的成就有多小，让他们知道你们为他们感到自豪。

Chapter 11 金钱，金钱，金钱

如果你们好好读了前面的内容，你们应该已经知道一名处于青春期的孩子最重要的一部分就是学着越来越独立，同样就需要对金钱的来源独立负责（无论来自你们的父母还是工作），能够很好地管理金钱。

零花钱

到了一定的年龄，你们青春期的孩子就开始缠着你们要零花钱。尽管他们可能还很小，但是实际上需要给一些少量的零花钱。

多大开始？

每个家庭的情况可能不太一样，但是根据我们的经验，大概在孩子11岁开始上中学的时候开始需要零花钱，尽管有些孩子可能会更早一些（可能从9岁开始）。

我上中学的时候因为需要买午餐，周末需要和朋友们出去，所以开始有零花钱。 ——萨姆，13岁

为什么？

零花钱的好处在于它可以帮你们教育我们管理金钱：如何决定怎么分配钱，如何存储，如何不乱花钱——甚至我们如果从你们那里“借”太多钱，可能会负债等。通过告诉他们相关的金钱问题，这样可以帮助他们建立合理的消费观，在将来对他们大有益处。一旦他们更大一点，青春期的孩子可能想要更多的钱，这样他们可以和朋友出去，或者买新衣服，甚至为买一个iPod而攒钱。

在学校，我们有一个“智能卡”体系，也就是说父母只要把钱放到卡里，我们不需要自己管理。基本上，如果父母不教我们如何处理金钱，我们不会自己学习以备将来自己必须自己处理。

只要梅根保持她的卧室干净整洁，从10岁开始她每周就可以得到2英镑的零花钱。当她13岁的时候，涨到了5英镑，因为她需要更多的钱和朋友一起出去玩。

我们怎样挣零花钱？

如果你们决定要给你们青春期的孩子零花钱（他们很幸运！），你们需要决定的第一件事是他们需要做什么才能拿到零花钱？

家务

对于处于青春期的孩子来说，最普遍地得到零花钱的办法是在家里做家务，例如扫地、熨衣服、做晚饭，等等。

- **积极方面：**你们有一个打扫房间的新手了！另外，你们青春期的孩子将会知道钱没有那么容易挣，需要好好工作。

- **消极方面：**青春期的孩子一般会把家务活仅仅看成一种手段——这将会产生一种态度，除非我们想要得到什么东西，要不然我们就不会帮忙，这种态度真的不怎么好。

奖励

每个星期或者每个月你们将会给你们青春期的孩子一定的金钱奖励机制，或者如果他们对你们很粗鲁，在学校报告中做的不好，都可以不给他们。

- **积极方面：**我们知道金钱是一种奖励，一种特别的需要自己去挣而不是幻想的东西。
- **消极方面：**有点过于控制了，特别是对大一点的处于青春期的孩子来说。另外，在兄弟姐妹之间可能会造成不平衡。一个人可能会比另一个人拿到的多，这会让后者觉得他们是受害者。

年龄

年龄越大，零花钱越多（还有更多你们想要的东西）。

- **积极方面：**这意味着我们可以和朋友外出，让我们觉得开始被信任可以处理更多的钱。另外，我们越大，我们外出的时间越长。所以越多的钱等于更多的感激
- **消极方面：**我们可能会觉得钱总会变多，他们可能要求有点高了。另外小一点的兄弟姐妹将会抱怨他们拿到的钱比最大的孩子拿到的钱少，这样可能让他们彼此憎恨，最终导致打架。

必要的时候

有些父母不会专门给零花钱，而是根据他们青春期的孩子需要时来给。

- **积极方面：**这就意味着当我们需要的钱的时候我们就能够拿到，将会意识到钱的必要，因为每次我们需要的时候，我们都必须要找你们。
- **消极方面：**这并没有教我们为钱而努力工作，无论以哪种方法，都可以得到，这意味着我们会觉得自满。我们不会预算，可能被宠坏，因为我们认为需要钱的时候就一定能得到。另外，我们将会没有动力做家务或者外出找工作。

坦白一点说，我们觉得上述的方法都有自己好的方面——选择某种方法时最重要的是关注哪种对你们青春期的孩子最适合。一些可能适合严厉一点的方法，那么做家务可能是好办法，但是根据必要的情况给他们钱表明你们对他们的信任，许多处于青春期的孩子觉得很喜欢这种方式（但是有些可能只是利用它）。令人欣慰的是，从上面列出来的方法一定可以找到适合你们和你们青春期的孩子的方法。

考虑零花钱第二重要的是你们期望你们的孩子自己花多少钱买东西，这个数目是否现实。如果你们给他们一月10英镑的零花钱，如果他们去一次电影院，钱就都花完了，这就意味着他们可能会向你们要更多钱，首先击败给他们零花钱的理由。他们不应该从你们这榨取金钱。另一方面，你们应该每月多给你们青春期的孩子一些零花钱，例如30英镑，但是告诉他们希望他们可以用这些钱支付自己所有的东西——从外出到基本的东西例如洗发液和除臭剂。但是这种只适用于大一点的青春期的孩子，因为小一点的青春期的孩子没法相信他们会买自己需要的东西。

这完全取决于你的家庭可以承受的花费，如果每个周末让他们出去都给他们钱对你们来说不太可能，不要觉得内疚。他们还是可以和朋友们出去，但是去公园或者别人家。

根据我们询问的人的回答，从14岁开始大概每个月20英镑是一个较普通的数目，这对我们来说也比较合理。但是，青春期的孩子没有任何一点零花钱也很正常，如果你们更倾向不给他们，那么就不要给。再重申一次，这取决于哪种方式对你们起作用，但是我们某些情况下还是需要一些钱（所以，请给我们一些吧！）。

兼职

随着你们青春期的孩子渐渐长大，你们（作为父母）就会面临或者继续给我们零花钱或者鼓励我们做一些兼职的选择。我们觉得这各有利弊……

我现在讨厌买东西要花很多钱，即使坐火车去学校都要花很多钱。如果将来我们找不到工作怎么能负担得起呢？　——索娜，16岁

基本上，青春期的孩子都想要钱（要和他们朋友出去，要买食物，坐车，等等），但是你们不能做他们的银行取款机，所以如果你们没法给他们要的那么多不要觉得很糟。做个兼职是最好的解决办法。在很多方面，这是成长的一个关键部分，能够帮助他们发展之后在生活中可能会需要的各种技能。这也可以给我们做个现实的检验。如果我们过去常常在家里因为其他成员惹怒了他们而吵闹争论，我们不久就会意识到这种行为在工作场合是不能忍受的。这就意味着当我们出去进入到更大更糟的世界中，我们会更容易适应工作地点，而不会像刚刚从学院或者大学毕业开始一个合适的工

作那么震惊。青春期的孩子一般在16岁开始工作——当我们开始去学院或者上六年级——很简单，因为我们需要更多钱出去玩，还有买新衣服！

如果你们青春期的孩子属于害羞的那种性格，兼职也可以帮助他们从保护壳中走出来，给他们更多信心，因为这会迫使他们和同事还有老板——还有顾客进行交流联系，当然这依据他们做的是哪种工作。

我们没法忽视对我们来说找工作更难这个现实（新闻还有老师也常常和我们说这点），所以即使你们不强调，许多青春期的孩子都注意到找份兼职的重要性。如果你们喜欢你们青春期的孩子工作，而且他们没有很烦，那么慢慢减少甚至停止给他们钱，我们确定他们的态度会急剧变化。

在我们调查的人当中，32%的人有兼职，其他人没有，其中38%的人正在找。

我们这个年龄（16岁）的孩子一般的工作地点是商店，例如维特罗斯超市，新气象衣服店，还有NEXT软件公司。

但是，当你们青春期的孩子还小的时候，有一些事情他们可以做，例如包装，或者在厨房帮忙或者当肉店助理。

我第一份工作是包装，那是时候我13岁——我哥哥在我之前一直做这种事，所以我有点期待。我和一个朋友一块做，很快乐。但是我不怎么喜欢房子里狂吠的大狗。——维多利亚，18岁

你们也可以在父母办公室或者公司工作（我们有一些朋友就这样做的），但是这和在一个“真正的”老板手下做事的经验会有所不同。有些处于青春期的孩子可能会利用这一点，你们父母不可能会解雇你们。

我过去两年在当地的一个咖啡屋工作——但是这确实让人筋疲力尽，所以现在我在商店看店。我觉得这会更容易点。 ——卡莉，16岁

我们可能最需要你们帮助的是职位申请和一些面试经历（甚至是关于我们如何着装的建议）。

我经常让妈妈帮我看简历中的问题。 ——乔，16岁

不要为我们申请

虽然我们需要申请的建议，但是不要自作主张以我们的名义申请许多你们觉得我们应该申请的职位。一些青春期的孩子甚至憎恨这种行为。如果你们真的对他们得到一份工作很热衷，但是他们自己在拖后腿，你们可以帮他们比较他们的兴趣和空缺的职位。例如，如果你们的儿子喜欢计算机，建议一些计算机世界，或者更好一点的，苹果店？但是，你们只能提建议。

即使你们帮我们申请了很不错的职位，但是记住我们才是要去面试的人，你们可以确定的是如果我们自己不觉得我们想要这份工作，我们一定会给对方留下很糟的印象，以此来惹怒你们。

找工作的一个原因是，如果有人想要我们，那么我们的自信心就会高涨——如果他们只是想要父母，对我们来说没有一点作用！

当一些兼职有必要时，青春期的孩子也需要敲一些警钟。我们很肯定有很大一部分青春期的孩子相信，例如，当在商店工作的时候，他们可以按时上班，站在那里，当他们想发短信联系朋友时就发短信，之后拿钱回家。钱赚得太容易了！让人难过的（担心的）事情是我们很认真……

我认识的一个人得到了一个很不错的兼职面试，但是在那天，她晚起了3个小时，完全错过了机会。她把这个归结于闹钟没有响。

——亚当，15岁

保持平衡

即使从工作中赚钱对青春期的孩子来说很吸引人（事实上艰难的工作没有那么多），我们知道一些父母（还有谨慎一点的青春期的孩子）可能会担心这会影响他们的学习成绩。你们可能 ，担心他们是否可以应付得了所有的事。

尽管兼职可以让我们得到更多的大学学分，让我们的简历更有亮点，但是六个月在Topshop（注：英国时尚品牌）的工作经历没法弥补在六年级挂一科甚至更多科目的失败，所以保持平衡很重要。

确保你们青春期的孩子可以同时处理好工作和学习（在这一点上你们可能比我们更有先见之明——处于青春期的孩子常常会觉得自己无所不能）。如果他们在学习上感到吃力，或者都没有多少时间做作业了，那么就不要让他们工作，因为这一定会更减少他们花在学习上的时间。如果他们有一份较有帮助的工作，确保他们花费一定时间就可以很容易处理事情。你们最了解你们的孩子，你们能够从他们的性格中分辨出他们是否可以很好处理工作，尽管我们建议每个青春期的孩子至少都试一试。如果要花费很多时间，那么你们青春期的孩子可以辞职。

工作地点的问题是他们有可能利用青春期的孩子。你们可能只需要一周做4个小时，但是他们常常会让你们加班，增加工作时间。因为你们的眼中只有钱，所以你们很可能不会拒绝。如果你们觉得你们青春期的孩子没法处理一个工作，他们也不会接受你们的意见。为什么不试试其他的方法？找点他们可以为你们做的事情呢？你们可以多给他们一点钱，如果他们可以提供更多家务活的帮助或者洗车（这很好，我们一定会积极主动，对吧）。

我哥哥在周日早上给父母还有姐姐洗车，这钱挣得好容易。

——克莱尔，13岁

没有必要一周做20个小时，然后在学习上挂科——我们都能够看出哪个更蠢。

工作是一种有点棘手的事，但是对一些青春期的孩子来说兼职是一件很棒的事，但是不是对所有青春期的孩子来说都是这样，所以我们尝试总结列出了赞成和反对的理由。

赞成工作

你们青春期的孩子将会：

- 挣到钱
- 发展沟通技巧

- 增强自信
- 丰富简历内容，获得大学学分
- 交新朋友
- 扩大他们的交际圈/网络圈子（更多潜在机会）
- 学习新的技能

反对工作

你们青春期的孩子将会：

- 自由时间变少
- 社交生活变少
- 更多任务/责任
- 学习时间变少，因此他们的质量标准可能降低

无论你们根据哪种方法给零花钱，无论你们有没有让你们青春期的孩子找兼职，我们觉得最重要的事情是把金钱当成一种工具来帮助我们成长。即使很小，有了金钱就有了责任，所以让我们展示给你们看处理自己的钱多么理智。

Teenagers Explained

Chapter 12

前途渺茫

你们能相信有一天你们青春期的孩子会真的长大（是的，我们保证我们一定会变成成熟、理智的大人），甚至飞出巢穴？

但是，在我们这样做之前，我们可能需要一些你们的建议。

对我们来说，写这一章很难，因为我们只有16岁，所以上大学或者从家里搬出去都还很远，但是我们觉得至少应该向你们指出这是迟早的事。

铺天盖地的新闻都在说找一份工作多难，大学多么贵。青春期的孩子关于将来等我们“长大了”，我们想要做什么等问题想得更多也更早。所以现在很多选择都会影响你们的将来，青春期的孩子很难知道我们做的决定是否正确——这时你们就需要参与进来。

普通中学教育证书考试（GCSEs）

虽然学校总是说普通中学教育证书考试就是生命中的一切，是所有事的终结，但是值得想想我们需要这个去六年级还是想要去大学。在这个意义上来说，最好让你们青春期的孩子自己选择他们最喜欢的（并且他们觉得自己可以做得很好的）。不像高级程度证书，你们必须要通过一定的科目才能进入一定程度的课程，普通中学教育证书考试选择一般都是标准的。

如果你们青春期的孩子找你们咨询建议，确保你们对不同的选择都很清楚，和你们处于青春期的孩子都谈谈优点。

这当然需要一起调查看看你们处于青春期的孩子想要在哪方面想要得到高级程度证书。

小贴士

不要因为你们在学校这样做或者喜欢某项，就给你们青春期的孩子压力让他们做某件事——我们不是你们，记住了吗？——我们应该能够做自己的决定。

高级程度证书

当谈到高级程度证书时，选择可能真的很难。

如果你们青春期的孩子已经在头脑中有了事业规划，那么做选择就很容易了：你们选择那些对事业道路有用的考试，如果你们还有一些高级辅助考试没有考，你们应该选一门你们喜欢的科目，这样在进行你们的高级程度证书考试的时候就会有点乐趣了。

我一直知道在大学我想要学习英语，但是我决定考数学、化学、英语、历史的高级程度证书，这样可以让我学习各种各样的科目。

——克里斯汀，17岁

但是事实上，在之后几年里青春期的孩子将会有上百种梦想的职业。

父母们，这时候根据实际情况帮助我们做决定就是你们的任务了。

尽管，一些青春期的孩子可能对他们的选择会很认真，其他人可能觉得无所谓。作为一名青春期的孩子，可能就想着过一天算一天，在16岁做的决定可能会影响你们在18岁上的大学，这样的想法你们可能一点都没有。

我真希望我选的是自己擅长的科目。我爸爸强迫我选择数学和商业，但是实际上我更擅长艺术性的科目。我最终做得真的很糟糕，每个人都很痛苦。

——杰克，18岁

小贴士

一些本科课程要求专门的高级程度考试——你们没法选择医学专业，除非你们考过以下四门中的三门：生物，化学，物理还有数学（因为医学常常需要花很长时间，你们青春期的孩子一定不想因为高级程度考试而推迟）。确保你们和你们的孩子对类似事情都很清楚。

尝试和你们青春期的孩子对他们将来在大学想做什么好好谈谈。现在你们已经练习了我们前面谈到的沟通技巧，这应该来说是很容易的一件事。即使我们只确定了我们不想做的事，这对最终选择也有帮助。

另外，鼓励你们青春期的孩子和学校的职业咨询师谈一谈，我们可能不会去，但是有时候一点鼓励会有很大帮助。

最后，我们在高级程度考试中想要考什么应该是我们自己的决定——

我们才是最后需要争分夺秒去为这些科目奋斗的人，所以不要把你们的鼓励变得太强制。即使我们那个时候不一定会感激，但是一定要在那里提供支持和指导——某天我们回头看，会觉得很感激。

我妈妈很棒，她帮我找了很多关于大学的信息。我都不知道应该怎么感谢她，除了好好学习，成为一个很厉害的兽医，哈哈哈。【如果你们没有读第9章，不知道我在说什么，那你们都做什么了呢？我建议你们立刻读一读——你们都不会知道，知识某一天总会有用的。】

——梅根

不再学习

一些青春期的孩子在他们16岁的时候可能真的非常讨厌上学，他们想找一份工作。或者他们会坚持到高级程度考试，之后就开始工作（而不是上大学）。

我们知道许多父母希望他们的青春期的孩子应该尽可能多学习，因为他们担心我们可能最后一事无成，但是学习真的不是对每个人来说都很合适。如果你们强迫他们继续接受教育，而他们不想，则不会努力学习，最终可能会恨你们。

值得和你们青春期的孩子严肃的谈谈他们是否对学校感到厌恶；即使很喜欢学校的青春期的孩子可能也会开始有点沮丧（可能忽然辍学），但是如果我们选择了相反的路——请支持我们！

实习

实习为那些不想全职学习也没有准备好工作的人提供了一种选择。这最好的地方在于你们学习的时候也可以赚钱。

如果你们青春期的孩子很现实，他们可能做一些水管工或者木工的实习，但是从汽车维修到阿斯达城市等各个公司都提供实习。

实习可以提供你们青春期的孩子职业生涯（有时候现在大学都没法保证这一点），所以如果他们为下一步挣扎，确保你们和他们在实习方面及如何申请方面都很了解。

最重要的事情是你们青春期的孩子要有计划。如果他们说想要离开学校，但是没有告诉你们他们下一步要做什么，我们觉得严厉要求他们继续学习很公平。但是如果你们青春期的孩子对于他们的将来很有前瞻性（但是可能这并不是你们期望的），那么你们需要调节你们对他们的希望，继续支持他们的下一步发展。

选择大学

如果你们青春期的孩子决定要继续读大学，他们可能在高级程度考试的途中就开始申请。（这实在很可怕，因为明年我们就要面对了！）

通常情况下，本科学位课程常常来自于高级程度考试中最喜欢的（做得最好的）科目，但是他们可能想和你们聊聊他们的选择（可能比前面的选择更愿意）。

一旦你们青春期的孩子决定一门课程，最大的问题是他们将会申请哪里（除了学术偏向，可能父母最关心的问题是：在家这边还是外地？）。

尽管可能你们对我们已经厌烦了，很想把我们送到赫布里底群岛（注：

英国苏格兰西部）的大学，我们知道实际上父母有时候真的不想我们离开他们。

我们不想打破你们的幻想，但是许多青春期的孩子都想搬出去住，不是因为我们想要离开你们——好吧，有一点——但是因为我们希望更独立一点（你们有好好听我们说吗？）。

无论你们青春期的孩子的决定是什么，我们都需要你们的支持；上大学（在家还是外地）是很重要的一个方面，就像在糟糕的大世界找工作一样。

无论你们青春期的孩子去不去读大学，如果他们没有去，而是找了份工作，很有可能我们想在近几年永远搬出去。

可能你们想想这个会泪如泉涌。没有？但是你们很伤心，对吧？

事实是，我们不会永远都是青春期的孩子。从很多方面来说，这对父母来说是一件好事，这也就意味着你们作为父母的角色将会永远改变了，你们真的需要放开对我们的控制了。

我们知道我们可能非常伤心，但是希望读完这本书后，你们会请求我们不要离开你们。

哦，真讽刺……

Teenagers Explained

最后倒计时

嘿哦，嘿哦，终于可以结束回到现实生活了。我们已经穷尽所有智慧了——我们掌握了多少智慧呀！我们希望你们已经学到了关于青春期孩子的思维方式或者至少如何不要惹怒我们。

我们都不敢相信我们竟然完成了——我们都真的写了一本书！

我们没有说谎：写这本书花了我们很多很多精力。甚至在放松的时候，我们都躺在床上都在争论使用什么词，怎样措辞让表达显得更清楚。但是也有很困难的时刻，硬从已经很忙碌的生活中挤出时间，特别是当梅根去中部某个地方度假的时候，不得不开车一个小时去找有信号的地方传送已写的章节。但是我们最终总是能找到解决的办法，把工作完成，即使并不都很准时。但是，从没有和小孩子还有动物工作过，对吧？有时候，青春期的孩子可能就能变成这两种类型……

但是，我们对已经完成的工作很高兴，向你们展示青春期的孩子可以做很多很棒的事情让我们觉得自豪（这本书就是很好的例子）。我们觉得自己在出版过程中学到了很多东西（我们甚至都觉得对自己的父母感到抱歉），我们希望你们也学到了很多。

所以最后总结一下吧？下面是所有你们和你们青春期的孩子关系的重

要方面。认真考虑一下你们符合几条——如果你们觉得有用，为什么不标记一些呢，然后也让你们青春期的孩子做同样的事情来看看你们是否同意？如果你们一条也没有标记，或者你们完全不同意，那么你们需要以某些方面为目的而努力了。没有哪段关系会是完美的。

1. 倾听：打开你们的耳朵，注意你们青春期的孩子告诉你们的话，不要认为你们知道他们会说什么。

2. 经常聊天——什么话题一点不重要。

3. 不要过度保护——对待你们青春期的孩子要像对待大人一样，因为他们值得（除非，他们表现得像2岁的小孩）。

4. 理解他们是有不同观点和兴趣的不同的人，不要强迫他们做他们不喜欢做的事情。但是同样，青春期的孩子需要理解父母只是想给他们最好的东西。

5. 给你们青春期的孩子提供建议和支持——他们需要做很多决定！

6. 无论他们需要人认真听他们讲，还是需要人听他们抱怨，给他们精神上的支持。

7. 谈任何问题时都赤诚相待，问问他们是否觉得哪些事情不公平。你们需要听听他们的意见，即使你们不喜欢。

8. 和他们坦诚相待，无论是你们的想法还是家庭事件，你们自己说出来一般效果会更好。

9. 不要尝试控制他们的生活，相反慢慢引导他们。

10. 不要嘲笑他们，无论是他们的穿着、行为还是觉得任何事都是很重要的事情。从他们的角度看问题。

上述方面你们做得怎么样？如果你们听从我们的建议，那么我们希望你们已经做得很好了。如果没有，不用担心——你们现在知道应该做什么了吧。

除了发现上面列出来的信息的重要性，在写这本书的过程中我们意识到我们（所有处于青春期的孩子）希望和父母的关系可以得到改善，这种希望比我们还是小孩子的时候更强烈。但不像小时候，我们不会把你们说的或者做的事情当做真理——我们希望和你们一起讨论。当沟通的时候，这种希望更真实。我们不再像只是盲目地听从你们——我们希望你们也可以听我们说。当你们的孩子成为青春期的孩子时，家庭变化会较大，更重要的是，父母的角色应该发生改变。

我们觉得梅根爸爸的类比总结非常棒（也很尴尬）：

父母的工作就像是胸罩：当你们的孩子还小时，父母提供很多支持，但是当他们长大了，发展了，这种支持就急剧减少了。

——梅根的爸爸

虽然处于青春期的孩子不怎么想听他们爸爸们谈胸罩，但是对我们来说这种比喻很好地阐释了角色的变化。现在对于很难的这一部分：令人难过的是，你们用来读这本启蒙书籍的时间已经结束了，从现在开始你们需要做的就是开始把这些应用于实践中。

而我们写完这本书之后，也要离开了，开始做最好的青春期的孩子们。好吧，至少听起来像这样……

术语

Allow

不用管它，如果一些事情没有按照你们的方式发生

Bare

意味着非常/很或者许多/大量

Dope

非常好（参见sick）

Endz

你们住的地方

Fam

你们的家庭

Fly

印象深刻或者很酷

Gwaning

进行得怎么样/发生了什么，是“进行（going on）”的缩写，例如“what's gwaning？”

Hardcore

很强烈的东西

Hater

有消极态度的人（尤其是和他们朋友的关系）

Jam

没有什么特别的事，就是放松或者高兴一下

LOL

大笑

Mandem

就像男人的复数一样，这代表“一群男孩”；你们“一组”。（一群女孩是galdem）

Neek

介于呆子和怪人之间的人

Pulled

很幸运（和某人）

Parr

忽视某人

Peak

不幸的（在某种情况下）。例如“你们邀请参加那个派对了吗？”“没有，太不幸了。（peak time）”

Safe

酷，例如“他很酷（he’s well safe）”。

Skeen

标准答案，表示一般理解，但是有点表示轻视的意味。

Sick

很棒，例如“那条裙子太棒了（that dress is sick）”。

尾注

1 BBC,《深夜和懒惰》. 来源：www.bc.co.uk/science/humanbody/body/articles/lifecycle/teenagers/sleep.shtml

2 霍华休斯医学研究中心,《季节韵律——瞌睡的处于青春期的孩子》. 来源：www.hhmi.org/biointeractive/clocks/fall/teenagers.html

3 BBC新闻,《伦敦大暴乱："没有希望的"处于青春期的孩子》, 2011年8月10日.来源：www.bbc.co.uk/news/uk-england-london-14462688

4 每日电讯报,《英国大暴乱：嫌疑犯，数据，映射和列出的案件》, 2011年12月15日.来源：www.telegraph.co.uk/news/uknews/crime/8698443/UK-riot-suspected-looters-statistics-and court cases.html

5 卫报,《抚养一个孩子的花费以21倍高升到210000英镑》, 2011年2月24日. 来源：www.guaidian.co.uk/money/2011/feb/24cost-of-raising-child

6 哈里斯互动公司,《趋势和状态》.来源：www.ncpc.org/resources/files/pdf/bullying/Cyberbullying%20-%20Tudes.pdf

7 BBC新闻,《父母给孩子酒精"引发酗酒"》, 2009年12月17日.来源：http://news.bbc.co.uk/1/hi/health/8413559.stm

8 卫报,《"甲氧麻黄酮", 或者"喵喵", 和可可因一样受欢迎，毒品研究报道》, 2011年7月28日.来源：www.guaidians.co.uk/society/2011/jul/28/mephedrone-cocaine-drugs-survey

9 BBC新闻,《处于青春期的孩子怀孕比例下降》, 2010年2月24日.来源：

http://news.bbc.co.uk/1hi/education/8531227.stm

10 BBC新闻,《孩子使用手机需注意》,2005年1月11日.来源：http://news.bbc.co.uk/1/hi/heath/4163003.stm

11 同上.

12 同上.

13 家庭在线安全协会.来源：www.fosi.org

14 传奇聚焦,《Face book爱尔兰和英格兰处于青春期的孩子最安全,但是一些违法法律使用网址》,2011年4月19日. 来源：http://sociable.co/technology/irish-britich-teens-safest-users-of-Face book-but-many-breaking-law-to-use-site